圖解力教學

破解分心世代的學習困境

圖解力教練 **邱奕霖** 著

第一次
圖解教學
就上手

推薦序

圖像化呈現的資訊，
更容易被理解

———————— 陳志恆 / 諮商心理師、暢銷作家

　　我是個專職講師，也長期鑽研學習策略，同時關注老師如何教，以及學生如何學。我很早就知道，將複雜的知識視覺化，更能幫助教學者表達，也有助於學習者理解。

　　除此之外，圖解還有一個很大的功能，就是能將抽象的思考歷程具體化。也就是說，圖解有助於思考，能讓其歷程變得更清晰、更流暢。

　　舉例而言，我的前一本書共有將近14萬字，有人問我，是如何寫出包含如此巨量資訊的一本書呢？其實，一開始只有一張紙。我用圖解的方式，將所有想表達的元素及關連都畫在一張紙上。就這樣，我的腦中有了書寫的全貌。

　　同理，懂得如何學習的學生，在閱讀理解一篇文章或一本書時，不會悶著頭從第一個字開始讀，而會試著先掌握全貌。所以，他會先瀏覽目錄，或者文章中的大、小標題，為學習內容建立起內部連結。而懂得教學的老師，則知道如何透過圖解形式，幫助學生綜觀教材內容，並掌握學習內容之間的關連

性。用圖解的方式進行教學，會讓課堂變得豐富有趣，同時提升孩子的學習動機，面對目前專注力普遍低落的孩子，會是絕佳的教學法寶。

當然，不少老師會擔心，自己的繪畫技巧差，如何運用圖解教學？

《圖解力教學——破解分心世代的學習困境》一書的作者邱奕霖告訴我們，只要會畫火柴人就能教。圖解是思考流程的展現，不需要當作繪畫創作。而在這本書中，作者會手把手地教大家如何快速上手，擁有圖解力教學。更棒的是，他還把各種圖解教學模板都大方提供給大家套用，成為老師們最有效的教學利器。

而我更期待的是，當大家學會圖解力教學後，也能夠教導學生擁有「圖解學習力」，懂得用圖解的方式製作成自己的專屬筆記，未來不管面對什麼學習挑戰，都能迎刃而解。

陪孩子找到最佳的學習姿態

大家好，我是圖解力教練邱奕霖！

這次很榮幸能以「圖解力教學」為主題出版新書，如果說上一本《塗鴉吧！用視覺模板翻轉人生》是讓學習者知道，原來上課可以用畫圖來高效學習，那麼這本《圖解力教學——破解分心世代的學習困境》就是想寫給從事教學的教師以及家長們看的，希望能陪伴你們，讓圖解教育真正持續地落實在學習的每個角落。因為這世界上除了語文思考者外，還有許多圖像思考者，而這些孩子非常需要圖解教育來改變他們的學習困境。

過去的我們不懂他們，誤以為這些孩子的學習能力比別人差，像我一直以來就是習慣圖像思考的人，所以小時候面對老師用單純文字以及口說進行教學時，內心總是充滿著「老師現在在說什麼啊？這個跟那個又是什麼關係？沒有畫面好無聊啊！」的困擾。

　　一直到國中有次在學習台灣地理時，老師介紹了一大堆台灣各種地形、河流、季風、重要建設等資訊，這些內容讓我感覺超級混亂。某天下午，媽媽看見了這樣困擾的我，便拿出一張A4白紙，在我面前展現圖解的魔法，只見她簡單畫出台灣輪廓，接著用深綠色的色鉛筆畫出幾個重要山脈，然後咖啡色的台地、淺綠色的平原一一展現，最後她用了藍色的筆畫出了河流和季風，就這樣，她用了一張圖，圖解了近三分之一課本的重點，我豁然開朗，原來學習可以這麼簡單有趣，原來我不是能力比別人差，原來我一直以來都用錯了方法。

　　而現在又有多少孩子像當年的我一樣呢？

　　記得，當時的我，拿著這張筆記到學校時不僅獲得同學們的高度肯定，老師還請我在黑板重現了一次，這是我第一次的圖解教學，也是埋下我圖解教育的種子。

　　在求學過程中，習慣追求標準答案的我，在進入國立體育大學後遇上了推廣「體驗教育」的謝智謀老師，智謀老師對我來說就像個強大的挑戰，因為無論我問老師什麼樣的問題，他總是千篇一律的回答：「你覺得呢？」從起初的不適應，到後來我逐漸養成了獨立思考、問題解決的習慣，在大學四年中，我深受體驗教育的反思精神與引導模式的影響，也讓我嚮往著未來，自己能做與教育相關的職業。

　　畢業幾年後，我從事教育相關辦理營隊以及政府標案的工作，某次回到母校參加體驗教育成果展遇上智謀老師，在閒聊時，老師突然對我提到：「你不是很喜歡畫圖？為什麼現在不畫了？」這兩句話，宛如兩擊重拳正中我心，讓我開始不斷反思內心，去突破自己當時不再畫圖的心魔，在那之後，我開始積極展開圖解教學，探索畫圖在職場應用的各種可能。

　　後來我成為了視覺記錄師，學習視覺筆記，也因此創業成為了企業與校園講師，這幾年我積極到各校與師生分享「圖解教育」的價值與樂趣，看到大家跨越不敢畫圖的心魔，進而發現使用圖解後驚喜與快樂的神情，成為我滿滿持續前進的動力，因為那神情就像當年看著媽媽施展魔法的我一樣。

　　圖解應用翻轉了我的學習經驗，也改變了我的人生，希望透過這本書與老師和家長們分享圖解應用在學習上的好處與方法，不用擔心不會畫畫，也不用害怕畫的醜，透過本書一步一步的開始你的圖解力教學，你的課堂就不一樣了。

CONTENTS ───────────────

CH 1　思維篇──當圖解遇上教學

CH 2　預備篇──我的教室不一樣

CH 3 行動篇——當我的課比漫畫有趣

CH 4 應用篇——教學適用，人生也適用

思維篇

當圖解遇上教學

圖解力＝用圖像解決問題的能力

當我們看到「圖解」時，很容易會聯想到市面上那些有趣的圖解系列書籍，像是《如果歷史是一群喵》、《圖解資治通鑑》等，這些書運用了許多可愛逗趣的插畫來表達較為艱澀難懂，或是讓人容易感到無趣的專業知識，如：文言文、詩詞、歷史、語言學習等，都是當中相當熱門的主題。

再來，另一種容易被聯想到的圖解類型，則是各類圖鑑、資訊圖表，如：化學元素表、人體相關資訊數據、動植物介紹等，其內容主要以圖文搭配的方式來呈現資訊。

上述這些圖解的概念，都是透過圖像來解釋或表達訊息，但我認為圖解的作用不僅僅只是如此，圖解力其實是一種「透過圖像來解決問題的能力」。

這裡我借用冰山圖來說明此概念，我們可以把圖解想像成汪洋大海中的一座冰山，剛剛提到不管是視覺筆記、圖鑑或是資訊圖表等，都不過是海平面上的冰山一角，而隱藏在冰山下，經常被人們忽略的那個更巨大的冰山本體，即是圖解力。

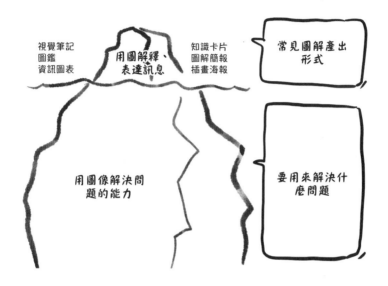

用冰山圖解釋圖解力

常見圖解產出
形式

視覺筆記
圖鑑
資訊圖表

用圖解釋、
表達訊息

知識卡片
圖解簡報
插畫海報

用圖像解決問
題的能力

要用來解決什
麼問題

　　所以一個好的圖解是不拘形式、工具，創作者的人數也不受限，只要能解決問題的就是好圖解。

這邊舉些例子：

- 如果我需要跟校長做報告，哪怕只在一張A4紙上簡單畫圖解釋，校長理解並同意，這就是成功的圖解。

- 如果我在教學現場，只在黑板上簡單畫個火柴人，就能讓底下的學生們了解我想要表達的重點，這就是圖解力的展現。

- 如果我向老師們傳達教育政策或行政規範時，運用懶人包來繪製宣傳DM，就能幫助大家快速理解內容，這也是好圖解。

- 如果我對家長解釋孩子問題時，搭配視覺模板[1]來幫助彼此對話，建立相互信任的關係並達成共識，這就是圖解的應用。

也因此一個好的圖解，可以解決下列老師們在教學現場常見的四種困境。

教學現場的四大痛點

1. 思考：無法保持專注、想得深

上課時學生眼神渙散、不感興趣，課程提問或小組討論，不是一句「不知道」，就是「我不會」，那是因為我們都忽略了大腦接受資訊時的兩大需求：

1　視覺模板指的是將各個小的圖解工具組合成為一個可供運用的範本。

(1) **情緒需求**：想看有趣、幽默、好玩、有感、跟自己有關的事物。

(2) **視覺需求**：要有畫面、主角、資訊關係、變化、元素的事物。

過往的教學，黑板上只有文字＋無感的圖像，若還要加上抽象思考，那就是難倒學生的大腦了，最後學生就是呈現放空、自動化應付的狀態。

2. 表達：無法化繁為簡、精簡教材

身為教學者，我們的黑板總是寫了滿滿的文字，希望能讓學生們看見所有的重點，但他們似乎總捉不到精髓，於是我們只好再花更多力氣來說明，分享更多講義教材來補充，殊不知這是一個惡性循環，有時候寫得越多、越認真，學生們反而越被動、越看不懂，無法精簡教材成為了痛點，有沒有老師說得少、學生學得好的可能呢？

3. 溝通：無法凝聚共識、有效傳達

最有效的溝通是「彼此腦中有相同的畫面」，這件事無論是面對學生、家長，還是學校的同仁都不是件容易的事。畢竟任何文字、口語進到每個人腦中，會有各自的解讀，那麼要如何讓雙方的認知一致呢？

4. 學習：無法整合所學、學以致用

許多老師都相當認真，積極參與各種研習，大量閱讀專業書籍，筆記中記錄了滿滿的學習資訊，卻總感覺無法有效整合，學了許多新知卻沒辦法轉化成輸出與行動，深受學習焦慮之苦。

圖解教學對學生的幫助

那麼若我們能在教學當中融入圖解，對學生來說又會帶來什麼樣的影響呢？

1. 變得專注

在《圖像思考》一書中提到，這世界上除了語文思考者外，還有一大群圖像思考者，更何況隨著圖文傳播的時代發展，這類型的人越來越多。因此透過圖解能夠大幅滿足這類型學習者的需求，只要給學生足夠的圖像線索，再善用漫畫中的元素和符號，「專注」就成為自然而然的結果。

2. 容易理解

圖解不僅能夠將長文化繁為簡，還能簡單呈現資訊間的關係，幫助學生看見資訊的架構，這些都有助於傳遞知識訊息，

讓學生容易理解。

　　另一方面，透過圖解可以創造視覺比喻的效果，將抽象的問題化為具象。比如當我們在談「自主學習」時，可以請學生用畫圖來表達對「自主學習」的理解，可能有人畫考試；有人畫閱讀；有人畫喜歡的籃球員，來代表自主學習的典範；有人則是畫出扳手，表示解決問題的工具。這些都能讓「自主學習」這個主題，與學生們的生活經驗、熟悉的人事物先建立起關係，當關係建立起來後，自然能提升理解力。

3. 簡單思考

　　透過「思考框架」我們可以幫助學生將抽象的內容具象化。所謂思考框架是一種能幫助整理腦中思緒的框架，只要在既有的框架上填入答案，就能讓思考變得容易且深入。以寫作文為例，當學生無法將抽象的想法，化為具體的文字時，若我們能運用九宮格框架，先在中間格子寫上作文主題，圍繞的八格讓學生分別填入不同面向的資訊，那麼就能幫學生收集或聯想相關的素材，思考起來就相對容易多了。

4. 快速產出

　　圖解可以讓產出變得容易，因為圖解教學中的視覺模板，便是一個以終為始的行動設計藍圖，比如我們要學生們寫出一

篇作文，過往模式是發下稿紙讓大家自由書寫，結果就是各自發揮各憑本事。但如果這時應用漢堡寫作模板、OREO寫作模板[2]，清楚地訂定產出的資訊須包含主要論點、理由根據、舉例佐證、結論與行動呼籲等類別，就能降低學生寫作的難度（善用他人的知識模型＝站在巨人的肩膀上學習），當空格填完後，一張筆記、一篇作文也就完成了。

圖解教學對老師的幫助

當我們把圖解應用在教學上時，不僅對學生有幫助，同時也能協助老師提升教學品質，讓師生都有質量上的增進。

1. 教學設計，變容易

「圖解」可以幫助我們拆解與更新自己的知識系統，當老師們在設計教學時，若能運用圖解，就能快速整理出課程設計的架構，清楚地看見教學的重點、運用的方法與步驟、何時要進行互動？甚至比較過往的教學與現在有什麼不同，可以融入何種新的教學法？運用圖解有系統的整理知識，不管是課程的知識內容，還是我們在大小研習中習得的教學新知，都能有助

---

2 漢堡寫作模板、OREO 寫作模板的說明及應用詳見章節 4-3。

於將龐大的資訊化繁為簡，讓知識的整合變容易，設計課程高效率。

2. 教學互動，變有趣

　　黑板是師生共創的畫布，除了教學本身的內容之外，學生們的想法、補充、疑問都能彙整在教學者的圖解中，同時也能邀請學生上台進行加工，比如描繪作者的人像表情，藉此來同理與思考其創作的情境，或是在設計歷史世界大戰課程時，讓學生在國家與國家之間的箭頭下，寫出彼此的關係、互動，這些都能幫助他們思考與理解，重點是經由這過程，圖解能讓我們從教導到引導，資訊的流動成為多向而非單向。

3. 學習成果，變精采

　　在教師研習中經常聽到老師們分享：「學生們都不愛產出又很被動，交出來的報告或作業大都乏善可陳，只有少數學生認真寫。」會有這問題，或許是因為「產出」這件事對學生們太難而且投資報酬率太低了，導致大家在面對作業時意興闌珊，差距甚大。想要解決這個問題，只要適當的運用視覺模板，因為模板有一定的基礎在，能讓每個人的產出至少有70分的水準，擅長畫圖的圖像思考者可以自由發揮，習慣用文字的語文思考者也能增添細節，交出來的成果自然變得精采。

最後，我用下方這張表格來總結圖解力所能解決的痛點，以及分別帶給學生及老師哪些幫助，歡迎大家一起進入有趣又有用的圖解教學！

圖解可以……

解決教學的痛點	保持專注、思考深入	化繁為簡、精簡表達	整合所學、學以致用	彼此共創、高效溝通
對學生的幫助	變得專注，引起共鳴	容易理解，搞定長文與抽象概念	簡單思考，不再無所適從	快速產出，降低難度
提升教學品質	加速備課變容易，不再學習焦慮拚命輸入	教學設計高效率，老師說得少學生學更多	教學互動變有趣，讓黑板成為學習共創的畫布	學習成果變精采，形式更多元

應用圖解教學，
協助3C世代克服學習難題

在推廣圖解教學時，我始終不希望「圖解」被定義成為一種筆記的形式，而是有更多元、更完整的拓展與應用。具體來說，我認為它是一種思考方式，我們可以站在圖解思考的基礎上，延伸出表達、溝通、記錄、簡報、創作等多元應用，而最有效的圖解，都是「為明確對象創造價值的過程」，而非為畫而畫、被動記錄。

因此如果要我用一個圖像來表達「圖解力」，我的答案會是：

它是一把鑰匙，一把幫我們打開更多可能、解開更多問題的神奇鑰匙。

引起學習動機，奪回課堂專注力

1.幫助學生釐清學習目標、綜觀學習全局

小時候，我們常聽過一句話「想像力就是我們的超能

力」，但長大之後發現這句話其實不夠完整。從小學到高中長達12年的學習中，更多孩子經歷的是「想像力是我們的限制器」，我們究竟為何而學？學生們並沒有想像力，多數孩子心裡的聲音是：「我做不到、不可能、學這個有什麼用、我為何要讀書、這作業有什麼意義。」然後我們的人生就這樣了。也許大家心想會不會太誇張？但這些困境卻是真真實實發生在我生命裡。

關於學習的想像，在圖解應用於教學現場的好處，我想聚焦在兩個面向來談：

⑴ 一張知識地圖，開啟學習的全局思維

大家有去過遊樂園、動物園的經驗嗎？每當我們來到這些場域都會先拿出地圖，快速了解有哪些重要設施、表演，然後再安排動線要怎麼走，好充分地進行體驗對吧？（為了要玩好玩滿啊！）不過有趣的是，當我們回到日常，面對學習一篇課文、一學期的科目、閱讀一本書，甚至是寫作文、做報告、設計簡報時，我們時常忘了地圖的概念。我們拿電玩遊戲當例子，相信大家就秒懂了，許多遊戲裡都有明確的闖關地圖，標示主題的關卡、各關卡的難度、重點任務有哪些，隨著遊戲的進行，我們還可以看到角色的成長與移動。圖解知識地圖就是要讓學生們在學習過程中先掌握所學的知識內容全貌。

⑵ 以終為始，目標引導產出學習成果

上述知識地圖的想像在於幫助學生理解學習內容的全貌，而以終為始的想像則是啟動學生的學習動機，我們可以告訴學生為何要讀書的100個理由，可是都不如他自己想出來的一個，因此我習慣使用3O思考來做練習。

- Objective目標：為何要做這件事？最後想達成的目標是什麼？
- Output產出：我會完成、製作什麼？用什麼形式？
- Outcome成果：如果上述目標達成，我也完成產出，對我有什麼幫助？

身為教學者在進行課程設計時，善用3O思考，也能避免為產出而產出，累積了一堆學生成果，卻對於學習成效沒太大幫助，那麼特別設計模板讓學生們去做這些圖解，就是非常浪費時間的事。

2. 贏得學生共鳴、互動參與的專注力

這是一個注意力稀缺的時代！

《灌籃高手》湘北隊隊長赤木曾說：「誰能掌控籃板球，誰就能稱霸球場。」套用在教學上，這句話便是「誰能掌握注意力，誰就能稱霸教學現場」，以圖解教學所帶來的優勢，我會分享以下三大面向：

⑴ 清晰的資訊層級，複雜的知識輕鬆秒懂

注意力缺乏原因一：資訊太多不想看

要讓課程資訊被秒懂的關鍵，在於是否有清晰的資訊層級，這也是初學圖解者會遇到的問題，圖解一定要掌握標題、話題組與視覺動線三大要素，並善用資訊框架而非條列式呈現（後續章節會有更詳細的描述）。

⑵ 圖像創造情境，讓人投射建立共鳴

注意力缺乏原因二：資訊無聊沒有FU

人是視覺偏好的動物，尤其是跟人有關的圖像最能吸引注意，因此在教學過程中，如何與學生產生共鳴，最關鍵的就是透過圖像情境，讓對方可以進行投射同理，進而開啟對話、促進思考，這份能力不用教，因為從小看漫畫、圖文書長大的學生，看圖腦補的強大機制早已融入DNA中，我們要做的，就是給他們大腦圖像線索，善用他們腦補的能力。

⑶ 群體共創，營造多元交流

注意力缺乏原因三：缺乏互動，你說你的我放空

在圖解教學過程，我時常提醒老師們，千萬不要只是自己一個人在台上畫得很開心。老師的黑板是一個畫布，是讓學生們共同參與，把想法統整、共創，讓師生之間交流、思辨的平

台，我們能透過一張張的圖解有效的聚焦大家的想法，同時也能藉此彙整班級共識與疑問。

3. 抽象思考的歷程看得見，為圖文世代大腦減壓

老師在上課的過程中，都是用口語表達，黑板也是用文字書寫，學生們必須在腦袋中思考這些資訊的類別？什麼是關鍵重點？彼此間的關係為何？如果這時老師又突然問了個問題，學生的腦袋很有可能就產生資訊混亂而當機了。

在學習過程中，往往以抽象思考為主，而這件事對圖文世代的孩子來說超級困難！我們的大腦不是設計來思考的，而是設計來避免思考的，因為大腦是一個非常消耗能量的器官，通常會進入自動化省電模式，因此如果想讓學生思考，我們可以透過圖解，將抽象的想法、資訊呈現出來，並利用動手畫圖來輔助，這過程可以大幅降低思考盲點、減輕大腦負擔，進而衍生出更多的創意、靈感。

每位教師都能建構自身的圖解教學系統

在學習視覺筆記的初期，我是用土法煉鋼的方式，就是拿出一本書、一張白紙，開始邊看邊畫，這過程很憑感覺，感覺對了筆記成果精采，感覺不對時筆記耗時又無趣，重點是就

算不對，我也不知道問題到底在哪裡。後來累積夠多的作品之後，我開始有了一些心得，慢慢建立起自己的系統，隨後這一切就有了大幅改變。我不僅可以計時掌握哪個環節花最多時間，也能在閱讀其他筆記書籍時，補充更多好的內容在自我的系統裡，學習圖解對於老師來說也是如此。

在這本書裡會和老師們分享許多圖解教案的方法，但不是畫完圖就結束，而是希望老師們能不斷的應用，隨著一次又一次的使用圖解教學，在課堂與學生進行互動，即時收集到學生們的反饋，再以此為基礎不斷優化自己的教學方式，在持續的輸出應用與反饋修正下，逐步地就能建構自己的教學系統，翻轉過去的教學，將改變擴展出去。

最後，最關鍵的一環是，我希望老師們都能感覺到，畫圖是件好玩、抒壓、有趣的事，一旦我們感受不到樂趣，就很難持續下去，希望閱讀這本書的過程中，老師都能抱著輕鬆愉快的心情，一起感受圖解的樂趣！

避免陷入圖解教學的地雷區

「想將圖解融入教學，要先學畫圖嗎？」

這是這幾年我受邀到學校與老師分享圖解教學時，很常被問到的問題。很多老師覺得自己不會畫圖，所以不知道要怎麼起步才好。

此外也有老師聽完我的分享後，充滿熱情且迫不及待地想在課堂上應用，但執行後卻發現效果不如預期，於是圖解教學變成了「有時間再做」的次要選項。

其實會有這些問題，都是因為對圖解有錯誤的迷思而阻礙了嘗試。為了避免大家在運用時對圖解產生盲點與誤解，這一篇章裡要來和大家分享，圖解教學應用的五大地雷，先導正大家的觀念，就能避免在教學時踩雷。

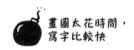

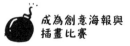

地雷 1 我不會畫圖，畫得很醜怎麼辦？

在教學中「圖解」的主要目的是引導學生思考，以及進行資訊溝通，而非藝術創作，所以「看得懂比美醜更重要」。黑板不是個人畫展，畫圖也不是為了讓學生們進行看圖說說看。無論是畫火柴人還是星星人，只要讓學生看得懂是人就好，教學現場最關鍵的是「能否有效的表達訊息，讓學生能夠精準的接收資訊」。

知名的TED講者蒂姆・厄本（Tim Urban）在向大眾說明拖延者的大腦時，就是透過簡單幾筆的火柴人，描繪出拖延者腦中的三大角色（如下圖），這個圖像被應用在他的簡報、演講和部落格文章中，因為圖像吸睛，讓人秒懂，造成相當大的迴響，看看這大師畫的圖，是不是大家也都能畫得出來呢？

用簡單火柴人畫出拖延者大腦

地雷 2 用圖像取代文字

　　大腦在處理資訊時有兩大途徑，分別是「語言」和「圖像」，意思是當我們的面前出現一張圖像時，大腦需要搜索對應的文字訊息來描述。相反的，當我們看到一個語詞（如熱血），大腦也會主動搜尋腦內的圖像來幫助理解。不管大腦搜尋的是文字還是圖像，都需要耗費不少時間與腦力，此時若是大腦資訊不足，就會想不出來，或是造成配對結果不如預期。

　　因此「圖解教學」不是要用圖像取代文字，而是讓學生能同時接收到文字與相應圖像的資訊，以減少大腦搜尋的時間與

力氣，達到教學上的最大功效。我們可以來看看下面的例子。

學習歷程檔案是108新課綱的重點項目，是記錄學生在高中階段時的學習表現。透過學生的學習歷程檔案，能更真實呈現學生的學習軌跡、個人特質、能力發展等，補強考試之外無法呈現的學習成果，藉由定期且長時間的記錄，更能減輕學生在高三升學時整理備審資料的負擔。

這是一段解釋「學習歷程檔案」的文字，我把它做了一些變化（見下圖），左邊畫了圖再加上「學習歷程檔案」這個關鍵字，底下再以列點的方式補充相關資訊。這麼做是不是比單純只出現圖（右上），或是一連串文字資訊（右下），來得快速吸睛又好懂。

學習歷程檔案

- 108新課綱的重點項目
- 學生高中學習表現與成果
- 定期且長時間記錄
- 協助減輕備審資料整理負擔

學習歷程檔案是108新課綱的重點項目，是記錄學生在高中階段時的學習表現。透過學生的學習歷程檔案，能更真實呈現學生的學習軌跡、個人特質、能力發展等，補強考試之外無法呈現的學習成果，藉由定期且長時間的記錄，更能減輕學生在高三升學時整理備審資料的負擔。

地雷 3 畫圖太花時間，寫字比較快

在研習中常聽到老師表示：「畫圖要花不少時間，用寫字快多了！」這句話說得沒錯，但那是因為我們不熟悉「圖像」這個表達形式。就像平常我們不會用英文交談，突然間需要使用英文對話時，中英文的切換會卡關，說話的速度自然不會比母語快。

用文字及口語進行授課雖然省時，卻容易忽略資訊的脈絡、畫面的呈現，以及資訊和學生的關聯性。若老師能熟悉圖像的使用，就會發現光是講解一段課文，用畫的比用寫的清楚且容易多了。來看看以下的例子，這是出自《公民與社會》課本中，民事訴訟內容的文字。

民事訴訟須由權利受到侵害的當事人主動向法院提出訴訟，法院才會開始審理。訴訟進行時，雙方當事人須提出有利自己的證據，向法官陳述，並與對方進行辯論。法官不會主動介入案件的調查，僅根據雙方提出的證據、主張及辯論內容進行公正的裁判。一旦判決確定後，雙方當事人都要受到判決的拘束，對於同一事件，當事人不可再提起訴訟。

老實說光要解釋這段文字就很費時，那如果透過下面的圖來看，再搭配解說，是不是省事多了呢？

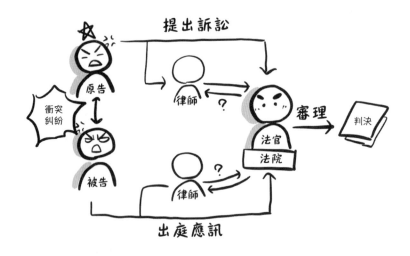

地雷 4　追求固定形式與標準

　　「圖解」沒有固定形式，許多人在初接觸圖解時，容易被最熟悉的心智圖格式所局限，心智圖使用的是分類邏輯，但除此之外，還有對比、因果等其他邏輯形式的圖，把單一圖解形式當作唯一的形式及標準，是相當可惜的事，更何況這些形式都還能相互組合變化。透過不同的圖解框架[3]能訓練不同思考角度，比如說同樣是一天的日記，用流程框架、泡泡框架、大括

3　圖解框架指的是在圖解時用來將資訊圖像化的工具，例如：線框、流程圖、泡泡圖等。

號框架，就能分別從時間邏輯、類別邏輯和要素邏輯來切入思考與表達。

(1) **時間邏輯**：今天從早到晚最難忘的五件事，包含早餐是我超愛的培根蛋吐司、上午發考卷英文考100分、電腦課老師讓我們自由活動玩遊戲、自然課介紹台灣原生種很有趣、晚上幫弟弟慶生。

(2) **類別邏輯**：今天主要做的事分為學習、用餐、下課、作業、生活、休閒五大類別。

(3) **要素邏輯**：今天打了精采的籃球賽，因為自己得了20分、隊友良好配合、成功防守。

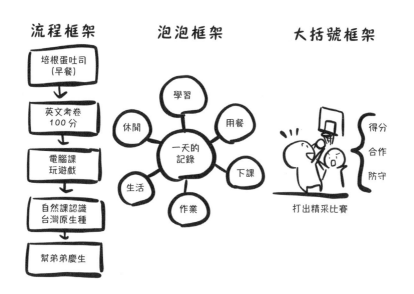

地雷 5　成為創意海報與插畫比賽

當我們在進行圖解教學時，一定會發現班上某些學生的畫圖能力讓人驚豔，心裡忍不住地讚賞。但我要提醒大家一定要清楚「圖解的目的是什麼」。圖解教學的目的是希望讓學生能獨立思考、表達觀點、分享經驗，所以給予學生回饋時，應該聚焦在資訊內容的呈現，而非圖像創作的表現。

為了避免學生的繪畫天分影響參與課堂圖解的意願，老師可以運用本書提供的視覺模板，讓每個孩子都能在一定的圖像基礎上進行圖解，同時模板也能協助孩子聚焦思考。如此一來，愛畫圖的孩子可以自由發揮創作，不擅長畫圖的學生也不會因此感到抗拒。例如：下面的龍舟圖模板就很適合做上半年度的回顧反省。直接拿出一張白紙讓學生寫，無中生有會讓很多人卻步，而這張龍舟模板，可以讓大家在邊畫邊想的過程，完成回顧、反思，讓表達想法的過程變得更容易。

在學習圖解教學時，若我們能有正確的觀念，把圖像視為一種語言，從創作導向的目的調整為「思考與表達」的工具之一，將會帶給我們除了文字、口語之外，更多的可能與幫助。

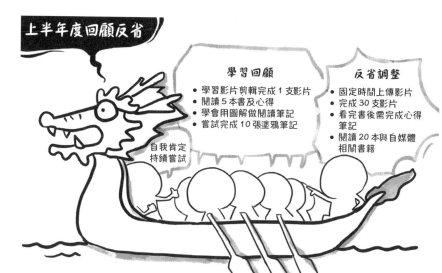

圖解教學前
需具備的圖解系統

在了解「圖解＝用畫圖解決問題」的過程之後，接下來要讓大家了解圖解力的系統，也就是「圖解資訊本身」、「圖解資訊關係」以及「圖解資訊整合」。

在詳細介紹這三大內容之前，請大家先記住，每當我們要應用圖解時，必須先思考我們的目的是想要「用圖解釋知識內容」，還是「用圖解決問題」。因為這會影響教學時怎麼運用圖解系統。若沒有先搞清楚目的，畫出來的圖可能效果不如預期，甚至造成干擾而本末倒置喔！

下面將直接使用案例拆解給大家看看。

用圖解釋知識內容

用圖來解釋學科內容，能夠幫助學生理解知識，並且聯結自身的生活經驗，當學生將知識融會貫通之後，進而能產出好的學習成果。

舉個例子，我曾經帶領學生圖解《三隻小豬》的故事，收回的作業中，不少人描繪出細緻的稻草屋、色彩繽紛可愛的小豬等精采的插圖。但這樣的圖對於理解故事內容，或是聯結學生經驗與知識的幫助並不大，但如果我們套用「圖解系統」來操作會如何呢？

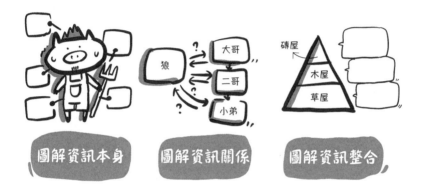

1. 圖解資訊本身

圖解資訊本身就是單純去解釋資訊本身，像在《三隻小豬》的故事裡，我想特別介紹豬大哥，圖像的呈現只要使用「輪廓＋特徵」即可，透過圖像來描述他的外在特徵，如髮型、外表、服裝、身材等，也可以再進一步思考他的個性、年紀、價值觀、態度、職業等較抽象的資訊，重點在於描繪出豬大哥本身的樣子，而不是著重於圖畫得可不可愛、好不好看。

2. 圖解資訊關係

圖解資訊關係，即是要表現資訊間的關聯。像在《三隻小豬》的故事裡，如果想要讓學生了解的是故事關鍵角色間的關係，那麼就不能著重在圖解資訊本身，一來要將每個資訊都描繪出來相當耗時，二來展現過多的細節，反而容易讓資訊失焦，比如要討論的重點是大野狼分別對豬大哥、豬二哥做了什麼？學生們卻聚焦在老師畫的大野狼太可愛，或是豬大哥、二哥的長相等資訊，這就完全離題啦！

因此，當要表達的是「資訊關係」時，圖像的呈現只需要用「框＋文字」來表示即可，重點在於這些角色間的關係，我們可以藉由「箭頭」來描繪大野狼對三隻小豬的行為，以及相對應的反應等訊息，用簡單的符號就可以一目瞭然地掌握資訊全貌。

3. 圖解資訊整合

「圖解資訊整合」即是要讓資訊與學生的生活經驗產生聯結，甚至在未來可以持續應用，以《三隻小豬》故事為例，三兄弟分別蓋了三種不同的房子，這三種房子投入不同時間、材料，所帶來的好處與效果也不同，藉此我們能將這三種房子比喻成不同的學習主題：

- 哪些是讓人學得又快又輕鬆的學習主題（稻草屋）？

- 哪些是讓人覺得難度適中，要花一定時間學習的主題
（木屋）？

- 哪些是讓人覺得很難但很重要、實用的學習主題（磚頭
屋）？

這麼一來，這個故事就能與學生的學習經驗建立聯結，讓
學習的深度不是停留在故事內容的記憶與理解上，當然三隻小
豬面對大野狼（代表問題）的解決態度與方法，也是一個整合
資訊的切入點，更多有關資訊整合的設計技巧，我們將在後續
章節與大家分享。

用圖解決問題

圖解的另一個面向是用圖解決問題，我們以班級衝突為
例，來看看套用「圖解系統」會如何？

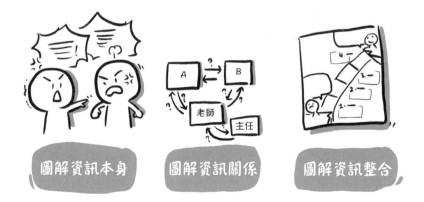

1. 圖解資訊本身

當我們的目的是用圖解決問題時，圖解資訊本身要做的事就是，用圖解元素描繪問題現況、案例。白話來說就是讓學生去畫出「發生什麼事」，用來還原現場、彼此聚焦，同時創造對圖不對人的討論模式，避免針鋒相對、越吵越兇。除此之外，也要畫出大家期待的理想結果為何？目標是什麼？以目前的現況為起點，理想結果為終點，帶著學生思考從起點移動到終點有什麼更好的方式。

2. 圖解資訊關係

在圖解資訊關係面向中，除了要呈現資訊間的關係外，最重要的是用來分析問題的成因，並找出解決問題的方式。在這裡我們可以使用「框＋文字」描繪在班級衝突的事件中，有哪些利害關係人，例如：學生、老師、主任等，這些角色間的相互關係是什麼？彼此之間有什麼問題？哪些環節可以做改善？有哪些資源可以協助？用一張圖釐清全貌，再從中找出可能的問題原因與解決方案。

3. 圖解資訊整合

我相信每位老師都有處理班級衝突的經驗，產生衝突沒有關係，但一再發生就會令人很困擾對吧？若老師們發現班級裡

有這種情況，建議建立一個班級衝突管理系統，讓下回再發生問題時，學生們不用憑感覺、經驗來回憶，而是有一個模板可以讓彼此參考如何去解決問題。下面是我繪製的衝突解決模板提供給老師們參考。

衝突解決模板

老師們也可以依照過去的經驗，將常見衝突的原因、衝突處理的流程與解決方案等，彙整成模板讓學生們自己先畫一遍、想一遍，再由老師進行處理。

每次的體驗都是寶貴的學習，當我們能帶著學生先思考一遍，就能讓他們專注在真正的問題上，進而順利找到解決方法，而不是只是彼此間的意氣之爭。

最後，我整合了上述說明的圖解系統，希望讓大家在應用圖解時，更能清楚了解自己的目的為何？是否選擇了適合的方法及工具？以及如何更有效的達成解釋資訊或解決問題的目的，圖解資訊「本身、關係與整合，」三個主題，都可以自由組合運用喔！

面向／主題	圖解資訊本身	圖解資訊關係	圖解資訊整合
用圖來解釋知識內容	用圖解元素描繪資訊本體、案例、情境或將抽象概念具體化。	用圖解框架來表達資訊的關係，例如分類、流程、階層等等。	用視覺比喻來聯結知識與自身經驗，建立自己的知識架構供未來應用。
用圖來解決問題	用圖解元素描繪問題現況、案例，以及理想的結果。	用圖解框架來分析問題原因，並找出解決的方法。	用模板整合問題、關聯與行動設計，建立各問題的解決模型供日後應用。

預備篇

我的教室不一樣

用視覺激發圖文世代的學習動機

這幾年我觀察到許多認真的老師努力想要翻轉教學，他們積極參與研習、自費報名課程、學習各種新的教學方式，只為了一件事「提升學生的學習動機。」

因為大家很清楚，一堂再精采的課，若學生缺乏學習動機，那麼一切都將徒勞無功，也因此老師們總是絞盡腦汁的想讓課程變得有趣。然而一堂課程時間有限，每次都得花時間用活動暖身，不僅影響授課的進度，也讓老師們在發想教案時壓力倍增。更何況這些課堂活動真的具有學習的效果嗎？會不會學生們只記得活動很好玩，對於學到什麼卻是一問三不知，讓教學效果大打折扣。

那麼，有沒有什麼有效的方式，既能快速激起學生的學習動機，又不需花費太多時間，也能讓學生吸收到課程重點呢？當然有！不過在介紹如何操作之前，想讓學生的大腦成為助力而非阻力，大家要先了解提升大腦記憶的三大關鍵。

影響大腦資訊接收與記憶的關鍵

在《腦覺醒記憶教練》一書中提到，要提升大腦接收資訊與記憶有三大關鍵，分別是頻率、聯結與強化。

1. 頻率

遺忘是學習中常見的事，對抗遺忘的最好方法就「間隔式提取」，包含課前預習、課程學習當晚、一周、兩周、一個月後等時段加強複習，同時運用書寫、口說、圖解等不同的方式提取。

2. 聯結

很多人都誤會「抄寫筆記＝聯結」，大腦理解資訊時如同交通網絡般，高速公路、一般道路、鄉間小路是相互串聯的，所以聯結有兩個概念，分別是聯結資訊間的關係，以及資訊本身與學習者自身經驗的聯結，而並非只是單純的抄寫。

3. 強化

大腦對於什麼樣的資訊比較能記得住呢？答案是「跟自己有關」以及「能引發情緒」的資訊，所以當學生們對學習主題覺得無感、無聊時，在學習上便會面臨重重阻礙。

以上三點我們都可以用視覺圖像來做到，舉例來說，可以透過不同的框架來做知識的回顧與整理，增加變化性也提高學習的頻率。再來如同前一章裡提到的《三隻小豬》故事一樣，只要運用簡單的圖就能與生活經驗產生聯結，最後當課文不有趣時，我們可以善用漫畫元素，也就是人像、表情、框來圖解情境，再難的文字瞬間也能變得親切有感。

看到這裡，老師們或許會覺得「天啊！這也太難了」、「課本的內容很無趣我也無法更改啊」，學生時代的我也是如此，對於要硬背、抄寫課文總是感到抗拒，直到接觸視覺記錄後，才發現就算是嚴肅無聊的內容，也能變得簡單又有趣。

下方的圖，即是上述文字所做成的圖解筆記，是不是清楚又可愛？畫圖是能同時滿足頻率、聯結與強化的最強外掛。

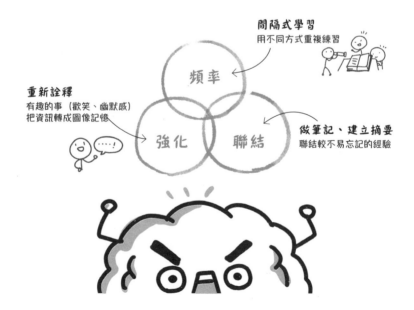

間隔式學習
用不同方式重複練習

頻率

重新詮釋
有趣的事（歡笑、幽默感）
把資訊轉成圖像記憶

強化　聯結

做筆記、建立摘要
聯結較不易忘記的經驗

面對圖文世代，你需要的是借力使力

大家可以想像我們大腦住著兩大陣營，分別是感性派：情緒大哥與視覺二哥，理性派：邏輯小弟。在教學現場，板書、課本等文字基本佔據大宗，屬於理性邏輯的運作。在課本及課堂中能找到的圖像只有古人照片、寫實地形、細胞模型，一點都不有趣啊！

這個時代的孩子幾乎沒有不看漫畫的，要想打動這世代的學生，圖像做為最強的武器一點都不為過，如同漫畫中滿滿的圖像以及生動反差的表情，無疑是滿足大腦感性派需求的最佳代表。因此在課堂上想要激起學生的學習動機要借力使力，巧妙運用簡單的漫畫元素，就能輕鬆掌握學生的注意力，並獲得共鳴。

當教室變身為視覺學習場域

　　大家都參觀過美術館的展覽吧！回想一下那過程，當我們一進到展區時，是不是就立即進入了創作的世界。放眼望去隨處都是可供欣賞的作品，雖然有一定的參觀動線，但觀賞者也可以依照自己的需求來決定觀看的順序、停留的時間，用最舒服的姿態來感受、認識這些精采作品。那麼，我們能不能將這樣的體驗運用到教學現場呢？

　　這就是「策展式學習」的概念，我們希望老師能夠從「知識傳遞者」的角色轉化為「知識策展設計師」，透過規劃教學場域，運用教室的空間，讓授課的知識內容在教室裡隨處可見。如此一來，即便學生的目光離開了老師與黑板，也能在桌面或門面等其他地方看到學習的素材。甚至在課程未開始之前，學生們就因好奇的觀看而預先展開學習，而課後也能隨時回憶。像這樣不同於傳統講授的方式，能讓學生接觸知識的頻率變高，形式也更多元，正是幫助大腦記憶與維持學習效益的方法。

教室裡最好用的六大學習場域

1. 黑板／白板

　　黑板可說是進行教學時最主要的工具，我們往往會要求學生們專注在此，然而過去呈現在黑板上的大多是文字，難以吸引學生的目光。學會圖解後，就能藉由本書分享的圖解教學互動、圖文轉化等技巧，讓黑板成為教學吸睛的焦點，同時搭配圖解思考的框架，帶領學生們進行討論，讓黑板成為師生間共同創作的畫布。

　　老師不需要擔心畫得不好，也不必要畫得太美，目的是與學生互動共創，而非教學者的畫展，所以讓學生看得懂比美醜更重要，往往老師畫的圖越簡單，學生們參與表達的內容就會越精采。

2. 投影簡報

　　現在投影簡報或互動式螢幕也成為教學現場不可或缺的一環，但過往總是單方面傳遞訊息，因為缺乏互動所以很容易讓學生感到疲乏，因此可以透過以下幾個變化，來掌握學生們的專注力。

　　(1) **間隔頁**：可以穿插著提問、自問自答、黑頁（讓視線暫時休息，進行回想）。

(2) **小結頁**：關於我們短期記憶的容量一般認為是7±2個單元（當然現在可能更少），所以每個單元結束時可適時小結幫助回顧，同時搭配填空等方式來增強學習。

(3) **多元回答法**：這點大家可以參考曾培祐老師的《極度吸睛》一書，我們可以設計讓學生觀察各簡報圖之間的共通點、找出簡報裡的密碼線索（各簡報頁角落秀字）、十秒記憶、解題、投票、連連看，甚至將課程內容拆解成九宮格（中間寫上主題，由學生們主動挑選進行挑戰），用遊戲設計取代單純的「看」，增加更多感官的體驗刺激。

3. 牆面

教室牆面通常是張貼學生的作品、班級公約或教室布置等，但對視覺引導者來說，牆面是最迷人最能運用的地方。多年前我曾到上海參加國際視覺記錄引導師Tim Hamons[4]所舉辦的視覺記錄引導工作坊，當時大片落地窗上貼滿了課程中預計使用的各種教材，有圖像、模板以及老師的作品。這讓我深受

4　Tim Hamons：國際視覺引導師，曾在舊金山和倫敦的 Landor Associates 工作，為來自歐美的客戶塑造企業形象。1991 年移居新加坡，創辦了視覺傳達諮詢公司，與來自歐洲、美國和新加坡等 50 多家公司合作。他使用和教授思維導圖已超過 20 年，擅長透過視覺語言將複雜多元的訊息視覺化，其學生從國小生到軍事領導人都有，為各年齡層的人提供幫助。

啟發，原來在課程開始之前，就能透過空間的布置呈現出課程精髓。也因為老師運用了這樣的方式，在那堂課中我更能專注學習，因為我不需要擔心錯過什麼，或是沒記到重點，只要有需要，隨時都能在教室的牆面上找到資訊。

同樣的，我們也可以運用視覺模板、圖解框架，將課程的關鍵內容、補充資訊、核心原則等張貼在教室周圍的牆面，上課時讓學生們從座位開始移動，由坐到站、在各個地方來回的走動，也能運用圓點貼紙投票、貼便利貼、畫圖等方式進行課程互動。

我自己也曾經運用這樣的方式上課，先是在牆面上張貼課程內容，接著邀請學員全程都站著，在教室間來回移動、進行討論，那堂課學生彼此間的互動精采，課程投入的程度也比以往來得更高，效果大大超出我的預期。

▲上海視覺記錄引導工作坊窗邊布置

4. 桌面

　　學生的桌面通常出現的學習素材是課本、學習單或是筆記，此外如果桌面也能帶來「學習的視覺反饋」，就能創造遊戲化學習的效果，就像玩遊戲一樣，會隨著破關、打怪看到主角提升經驗值，我們可以在桌面上讓學習成果被看見。下圖是我曾經運用過的方式，我把工作坊的流程，轉換成遊戲地圖，搭配積木人偶代表學員，隨著課程的學習、進展，將這些人偶移動位置（代表學習進度），加上裝備、道具（聯想）來創造可視化的成長狀態。

▲在桌面上運用遊戲立即反饋

另外，我也喜歡運用「牌卡」。牌卡可以用最小的面積將視覺化的資訊呈現出來，當把資訊記錄在牌卡上後，便可以透過牌卡做出排列、分類、重疊、交換等動作，例如：可以把歷史重大事件變成牌卡，透過排列的動作，就能讓學生釐清事件發生的前後順序，當有時間重疊的狀況時，也能藉此明顯看出來，讓知識變得可見、可玩。

還有一個運用桌面來教學的思考點，就是共用桌面，這裡可以是教材、教具材料區，或是茶點能量補充區。

5. 門面

門，是非常好用的教學素材。舉個例來說，若我想設計一個實境遊戲，就必須搭建遊戲場景，但這麼做實在太過勞師動眾，那麼要怎麼切換場景讓學生們能夠從真實世界進入到解謎遊戲的世界呢？是的，「門」就是場景切換最好的工具。

門代表著遊戲入口，門外可以寫上遊戲的規則、目標，讓學生們有心理準備，去想像即將踏入的世界。門也可以是出口，在門內寫著本次遊戲的收穫心得，提醒學生在課後也能運用所學。同樣道理，我們可以在門外張貼課程地圖、課程原則、課前提問，讓學生們在進門前先進行思考，將學習的收穫、心得貼在門內，當學生下課離開教室時，就能複習剛剛學習的過程。

6. 地面

在Tim的工作坊中，除了落地窗的布置讓我印象深刻外，會場地面上的設計也是極具巧思。某段從電梯到會場的地面上，貼著手繪腳印形狀的圖像，上頭寫著許多關於為何要畫圖、畫圖的價值等資訊，當我邊看邊走進會場時，無形中好像也做好了學習的準備。

▲上海視覺記錄引導工作坊地面布置

在課堂中，大家圍著圓圈坐在一起，在地面上進行大富翁遊戲，透過擲骰來進行移動，格子上是課程相關的知識問答、實作任務、小組互動等挑戰，這讓主題預習或複習的過程，不單純只是坐在座位進行，而是藉由走動式多感官的設計，讓學習有趣、有感。回到我們的教室裡，在教學過程中，能不能也用這樣的模式進行教學呢？

- 學習前的提問：進教室前先回答問題來移動、暖身。
- 學習中的思考：在地面畫格子，仿照大富翁進行移動、任務等互動。

- 學習後的回顧：把學習重點張貼在地面，讓學生們進行搜尋及回顧。

下圖是六大教學場域的情境模板，老師們可以用這張教學模板設計教學場域，當我們能運用視覺模板重塑自己的教學空間，讓教室不只是教室，而是有如一場展覽般的豐富精采，課程內容和學生之間就能有更多互動，請動手試試看吧！

用知識地圖建構學習的全局思維

想像我們到了一處遊樂園遊玩，你會先做什麼呢？

A、隨興到處亂逛，走到哪看到哪。

B、先取得樂園地圖，找到想去的地方，做好遊園規劃。

我想大多數人，都會選擇B吧！先了解遊樂園的設施分布、路線、表演活動時間等資訊，做好規劃才能玩得盡興，物超所值！回到教學現場，我們也可以這樣做。

「這學期這個科目要學哪些主題？主題間的關係是什麼？課程的難易度為何？」

「課程要如何進行？要怎麼評量？是考試還是作業？」

上述問題，老師通常不會也很難在學期初或授課過程中，讓學生們全盤了解，學生只能就單堂課程學習知識，無法理解課程間彼此的關聯，也無法想像預期的成果與幫助，也因為這樣進而影響後續學習，學生們不知為何而讀只能死記，最後大大降低學習的興趣，無法投入，想要破解這樣的教學困境，我們得學會設計一張知識地圖！

什麼是知識地圖

「知識地圖」就是用一張紙來呈現學習重點的藍圖,無論是以簡報、海報、講義等形式都可以,它能讓學習者的大腦快速做好準備,想像待會要做什麼?學習什麼?而非一無所知地開始進入學習。

如何設計一張好的知識地圖

了解什麼是知識地圖後,接下來要學習如何設計一張有效的知識地圖?這張地圖裡必須包含哪些項目?以下以「圖解力教學」的研習課程做為例子。

1. 主題

在左上方清楚地呈現課程主題名稱,同時加上標題框來強調主題,若有聯想到什麼相關圖像,也可以搭配使用,來強化學生的印象與理解。

2. 資訊動線

為了方便學生閱讀,必須簡單扼要的運用標號、箭頭、框線等元素標示動線,這裡是用一條淺灰色的粗線,搭配由左至右的閱讀習慣來呈現。

3. 重點標題

接著依序呈現這堂課的重要環節（圖解資訊本身、圖解資訊關係、圖解資訊整合），包含開場的自我介紹、問題收集，後續三大主題課程，各自包含的標題、單元關鍵字、主要學習任務，若有運用遊戲化的元素，像是難度指數、經驗值、解鎖能力等，都能搭配相關圖示（如城堡、惡魔島、高山等）做呈現，最後右上角的寶箱則代表收穫。

這張地圖就是要讓學員們在腦中建立對於這堂課的全貌，隨時知道要學哪些？目前進行到哪裡？已經學習過哪些內容等，有效率地幫助大家的大腦進入準備狀態。

用一張知識地圖了解圖解力教學

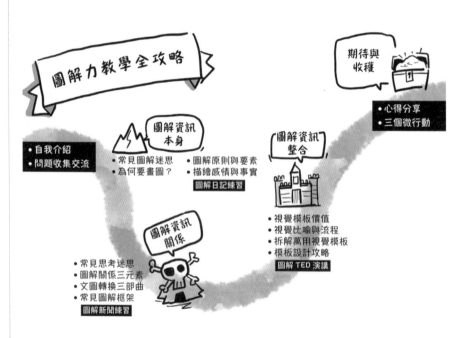

如何運用知識地圖

1. 正式課程前

　　一張好的知識地圖，在正式授課前就能運用，我們可以設計問題，讓學生填空以掌握他們事前對課程內容的理解程度，除此之外，我也喜歡運用這張地圖，先收集參與者對於課程內容的好奇與疑問（用便利貼寫，貼於地圖左側），和對課程的期待與目標（貼於地圖右側）。如此一來，所有學習者的問題、期待，以及學習的內容都能一目瞭然的呈現出來，不須靠著大腦記憶，隨時可從地圖獲得所需要的訊息。

2. 課程中

　　為何遊戲總是引人投入無法自拔？關鍵在於遊戲具有「立即反饋」與「可操控性」二個特點。舉例來說，當學生在學習閱讀策略後，很難看出學習前後的能力有什麼變化，也因為缺乏立即反饋，大腦持續參與的意願就大幅下滑，這時知識地圖就能派上用場。

　　在教學後可以立刻帶領學生總結心得與收穫，例如請學生寫下學會的工具、心得或知識，並張貼於知識地圖上。如此一來，學生便能看見地圖從空白到貼好貼滿的變化，感受到學習進度。或者也可以利用大富翁的設計，讓代表學生的棋子，從

起點走到終點,像這樣進行立即的反饋,就能吸引學生學習的渴望。

再來過往學習進度是單向且掌控在教學者身上,學生很難快轉先看看老師要說些什麼,或忘了前面而無法複習,但若能應用知識地圖,不管是往後回顧或往前預習,學習者都能有更多的主導權,進而能主動學習。

讓學習像解鎖地圖遊戲

某些電腦遊戲,會讓玩家一開始處在黑漆漆的環境裡,隨著玩家的探索,遊戲地圖才會逐漸明朗,把這樣的遊戲機制運用在教學中也相當有趣喔!操作步驟如下:

⑴ 準備兩張海報,海報 A 是課程的知識地圖,海報 B 則寫下該主題的重點知識,並用空白便利貼遮蓋。

⑵ 隨著課程進行,請學生們撕下海報 B 的便利貼,並寫下該階段的學習收穫,再張貼在海報 A 上。

⑶ 當課程結束時,海報 A 就會貼滿大家的收穫、心得,而海報 B 則能清楚看見這堂課的學習重點,有利於課程討論。

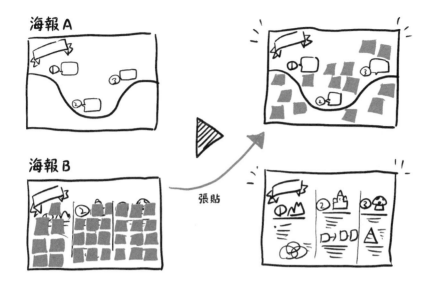

海報 A

海報 B

張貼

3. 課程後

到了課程最後，這張知識地圖當然就是幫助學員回顧、交流的關鍵教材，老師可以帶著學生從頭到尾進行重點複習，或讓大家投票印象最深刻的環節，甚至討論後續的行動、還有什麼問題等，都可補充於地圖旁邊。

當我們在課程中運用知識地圖時，不管是老師還是學生都能有所受益，我們可以得到：

(1) 課程主題與關鍵重點。

(2) 學生的問題與期待、目標。

(3) 各單元的學習收穫小結。

(4) 各單元的知識點與提醒。

⑸ 整體學習心得與後續行動。

　　用一張紙就能彙整這麼多的資訊，同時讓學習的內容清楚被看見，並進行共創與對話，是CP值超高的一個圖解方法。

知識地圖讓「教」與「學」都更有效

　　我們小結一下用一張知識地圖進行教學的好處：

⑴ **全局思維，讓大腦準備好**：在學習前先聯結腦中相關的知識經驗。

⑵ **具有立即反饋的效果**：讓成長被看見，提升參與意願。

⑶ **整合學習者的所有想法**：過程中學生的討論、發表的心得、想法、問題都能收集在這張地圖上，不為難大家的大腦記憶，反而有更多思考的空間。

⑷ **讓學習者從被動到主動**：讓學習者依個人進度自由往前預習、往後回顧。

⑸ **學習是共創而非單向傳輸**：知識地圖能彙整學生所有想法、資訊，包含哪些問題尚未解開？哪些收穫最多人提到？哪部分感到最難等，彼此進行討論與共創，也因為大家腦海裡的想法都具體呈現在眼前，互動性高，學生自然能更加投入課程。

運用知識地圖的好處多多，拿起紙筆嘗試看看吧！

學習主題名稱

期待與收穫

- 效益好處
- 獲得能力
- 應用情境
- 延伸學習

開場方式

- 問題收集
- 破冰暖身
- 小組認識

學習重點
1

- 主要單元
- 關鍵活動
- 難度指數／經驗值
- 運用知識技能

學習重點
3

- 主要單元
- 關鍵活動
- 難度指數／經驗值
- 運用知識技能

學習重點
2

- 主要單元
- 關鍵活動
- 難度指數／經驗值
- 運用知識技能

圖解新手也能輕鬆邊教邊畫

　　大家千萬不要把邊說邊畫想得太難，身為教師的你是最了解教學內容的，對於教材中經常使用哪些圖像？會需要運用什麼表情？有哪些關鍵元素？一定相當清楚，差別就在於熟不熟練而已。

　　身為初學者的我們，可以在教學前，先針對教學主題搜集常用的關鍵字、訊息、物品等資訊，接著找到對應的圖像練習畫圖。如此，等到正式授課時，大腦中已有圖像元素，自然就能畫得出來。

　　在課程進行中也要視學生的反應，適時的誇大圖像，創造出更精采的效果，畢竟誇張、可愛的表情和動作更能吸引學生的注意。

　　那麼，當腦中已有基礎的圖像元素後，接下來要怎麼做才能達到「邊說邊畫」的理想狀態呢？

想要邊說邊畫，只要做到三步驟

　　想要將文字快速轉換成圖像，照著下面三個步驟，就能簡單的把心中所想的圖像畫出來喔！

1. 抓元素

　　元素意指資訊中的角色，角色當然很重要，所以首先必須把「關鍵元素」找出來。在歷史課中的關鍵元素可能是皇帝、地方勢力、宰相；在新聞文章的元素則是利害關係人；在健康與體育的課程裡可能是身體器官等。無論是具體人物（唐太宗、李白），還是抽象元素（國家、朝代等），在圖解教學中，先秀出資訊的主要角色是關鍵的第一步，只要運用最簡單的方法，「框＋文字」就能呈現出資訊中的主要角色。

2. 找關係

　　有了資訊關鍵元素之後，接下來就是呈現元素間的主要關係，要呈現關係最常用的就是「箭頭」，箭頭的方向、粗細、大小、線條等，都可以呈現不同的關係狀態。

3. 秀變化

　　圖解教學的目的，在於幫助理解與思考，因此我們可以透

過兩張圖的比較，或是運用各種符號的加工，來表現出變化。例如：我們想要表達一位詩人的生平故事，可以像下圖這樣透過簡單的前後對比圖來呈現，這位詩人一開始的狀態、心境，到後來的轉折、改變，只要用兩張圖就能快速感受到詩人心境的變化。

下面以康軒國中社會二下教科書中的民事訴訟內容為例，將上述三步驟完整示範給大家看：

「民事訴訟須由權利受到侵害的當事人主動向法院提出訴訟，法院才會開始審理。訴訟進行時，雙方當事人須提出有利自己的證據，向法官陳述，並與對方進行辯論。法官不會主動介入案件的調查，僅根據雙方提出的證據、主張及辯

論內容進行公正的裁判。一旦判決確定後，雙方當事人都要受到判決的拘束，對於同一事件，當事人不可再提起訴訟。」

⑴ 首先列出關鍵要素：包含原告、被告、法官、法院等重要角色。
⑵ 接著運用箭頭來表達關係，從發生衝突開始，到後續的流程，箭頭可以是單向也可以是雙向，視內容與教學需求做調整。
⑶ 最後則是用星號、問號等符號，來表達我們的重點、思考等變化。

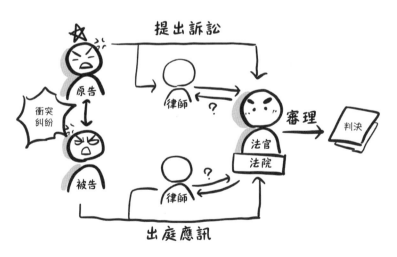

圖示原始資料提供｜康軒文教事業股份有限公司

　　圖解教學不是一次把所有資訊全畫出來，分享邊說邊畫的技巧給大家，就是希望老師們可以依照教學的進度，邊說（你說或學生說）邊呈現，這麼做會形成雙向的交流，也是吸引學習者投入的關鍵喔！

依據教學目的與需求運用圖解

　　老師們在練就邊說邊畫的基礎功之後，可能會想即興加入角色的表情、情緒等，好讓資訊圖像更吸引學生的注意、加深學生對知識內容的印象，尤其學會運用表情後，能在課堂上為圖像中的角色標示情緒，整個課堂氣氛都會活絡起來。然而，要提醒大家注意的是，如果今天我們想傳達的是事實資訊，那麼在圖解中加上大量的表情元素，很有可能會誤導學生對事實的判斷。

　　以《論語》《子游問孝》的課文來看，如果想讓學生們去同理、思考孔子與子游對談時的情緒狀態，或在這個情境中彼此的互動關係與方式是什麼？我會畫上表情等情緒元素，讓這故事情境更容易獲得學生們的關注。

　　但是如果目的是要讓學生從客觀事實來分析孔子對子游，以及其他弟子間的對答應用模式，或是孔子一生中與其互動的關鍵角色，所織就出人際網絡關係樣貌，這時畫出角色的

表情符號，反而變成了多餘的干擾雜訊，無助於大家客觀地分析理解。

因此，在圖解資訊時，還需要考量教學目標是要帶領學生同理角色的情感狀態，還是客觀理解文本事實。為了協助老師整合應用，我以「抓元素、找關係、秀變化」X「感情與事實」，組成下方矩陣表，相信可以帶給大家在文圖轉換時，有一個可以參考的圖解架構。

	抓元素	找關係	秀變化
感情	人像、表情、框	箭頭、互動	情緒、突顯符號、對比
事實	框+文字	時間、空間、因果	

用一張視覺模板，快速圖解新聞

在練習邊說邊畫的過程中，不見得一定要用課程中的例子，有時候新聞報導，或自己有興趣的題材也都能成為練習的素材，下面的「白飯之亂」就是熱門的新聞，只要找到元素、關係，再秀出變化就能快速完成圖解喔！

圖解白飯之亂

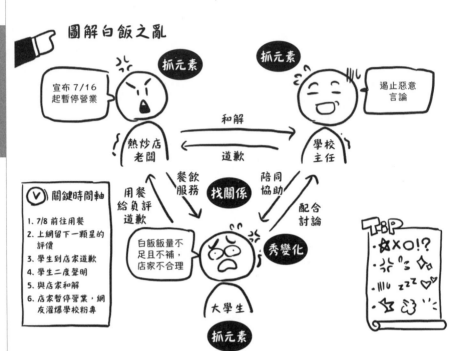

關鍵時間軸

1. 7/8 前往用餐
2. 上網留下一顆星的評價
3. 學生到店家道歉
4. 學生二度聲明
5. 與店家和解
6. 店家暫停營業，網友灌爆學校粉專

行動篇

當我的課
比漫畫有趣

圖解教學起手式：畫主角

「人」是所有事物的中心，如果你想獲取觀眾的注意力，就把人秀出來。如果你想要讓觀眾有共鳴，就讓他們看到自己。

—— 丹‧羅姆（Dan Roam）《打造圖像腦》

視覺的最大目的在於確保生存，基於生存本能，生物會快速判斷，眼前所見的角色是敵、是友還是獵物。也因此當人類在接收資訊時，「角色」會是最先被吸引的視覺標的。回到教學現場，若想吸引學生注意，把知識內容的主角及相關人物畫出來絕對是事半功倍的作法。

因此接下來我想帶著大家學習如何描繪人像，並運用下面五個要素：角色主體、線條與箭頭、情緒符號、道具應用、視角變化。讓大家簡單畫就能畫出既生動又可愛的人物。那麼，讓我們開始吧！

用最簡單的線條，把角色主體畫出來

想要把資訊的關鍵角色畫出來，不見得一定要栩栩如生，這樣太花時間也太考驗畫功了，只要用最簡單的線條，就能達到效果。下面將教大家四種畫出角色的方法。

1. 元素圖：適合資訊量龐雜的知識

元素圖就是畫出「框+文字」，只要畫一個框，並在框裡寫下人物名，就能表達角色，是不是超級簡單呢？

元素圖畫起來容易，但功用卻一點都不簡單，它很適合表達關係複雜或資訊量大的知識，能讓彼此間的關係與資訊變得清楚可見。舉例來說，在國文課本中，孔子對各弟子都有不同的看法，與每個弟子互動方式也不同，誰是誰，孔子分別對其弟子又說了什麼常常搞不清楚，此時便能用元素圖畫出角色，並搭配箭頭彙整成一張圖，甚至孔子特別欣賞哪位弟子、對他的評價為何等訊息也能補充上去，所有的資訊就能一目瞭然。

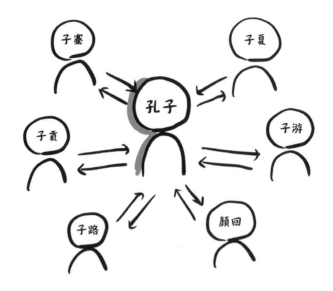

　　另外，「框」的運用也可以從形狀變化來表達差異。下圖是《圖像思考的練習》一書中，作者平井孝志畫的「關東煮圖」，他用正方形代表現況、三角形代表解法、圓形代表目標，三種不同形狀的框表達了不同的意義，讓人一眼就可以看出差異進而理解資訊。

　　我們也可以利用這張圖帶領學生思考「如何解決問題」，讓學生在正方形裡，填入目前的困擾（如英文成績60分）；圓形表示目標（如成績80分）；中間的三角形則是思考達成目標的策略、方法。像這樣透過框的變化來幫助思考。

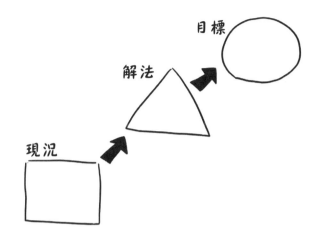

目標

解法

現況

　雖然元素圖在處理資訊彼此的關係上相當好用，但如果想要更吸引人，可以再進階的學習火柴人、跳棋人以及星星人的畫法，這樣會讓圖像更有感。

2. 火柴人：適合表達複雜動作並做為日常記錄

　一開始學習圖解時，我們先從模仿開始，學學在《火柴人圖解大全》一書中提到的，描繪火柴人的三步驟：

(1) **繪製頭部**：簡單畫個圓圈即可。

(2) **畫出脊椎**：想像自己是在畫一條魚，就不會畫出詭異的姿態。

(3) **加上手腳**：先畫腳再畫手，別忘了加上三角形肩膀，避免畫出長頸族。

火柴人是大家最熟悉也是最簡單的人物畫法，是圖解入門的起點，大家可以多多練習，試試看用火柴人來寫圖像日記。另外火柴人也非常適合圖解運動姿勢，它能把複雜的動作簡單地呈現出來。

火柴人畫法

3. 跳棋人：適合表現人物關係，並有擬人化的效果

如果我們畫的圖像只是單純想表達人物的狀態和關係，不需要太多的動作，那麼跳棋人就很好用了。跳棋人顧名思義外形就像是跳棋，使用方式與元素圖類似，但跳棋人的畫法看起來會更像人，所以除了表達具體人物之外，我也很喜歡運用在如：行政機關、國家、宗教、器官、星球等主題，會產生擬人化的效果。

4. 星星人：適合描繪講者與個人的Q版圖像

最後則是我很常用的星星人，這畫法的原型很像少了一角的星星，故取名為星星人，星星人除了具備上述跳棋人的好處外，因為還增加了手腳的元素，所以我時常用在描繪講者或是個人Q版圖像（如下圖）。

星星人畫法

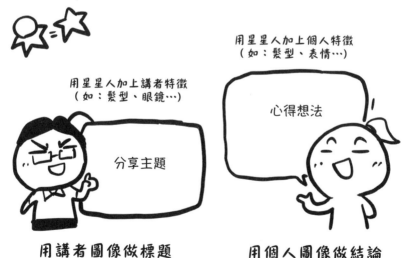

此外，當我們畫出星星人時，可以搭配簡單手部的動作，就能傳達出更多的情境，如下圖光加個手指頭，孔子所呈現的狀態是不是就比單純站著多了更多思考空間。

用線條與箭頭強調動作與互動

學會畫角色之後，接下來要教大家，如何讓角色產生如移動、掉落等動態的效果。其實作法相當的簡單，只要在角色旁加上線條與箭頭，就可以囉！

線條

在人物旁畫上線條可以用來表現主體快速移動、掉落、擺動、彈跳等動作。線的畫法，通常以兩種形式呈現：

(1) **直線**：表現移動、速度、掉落。

(2) **曲線**：表現擺動、彈跳、迴轉。

在描繪線條時要掌握兩個原則，第一，選擇單邊畫線，通常是與移動方向相反的那一側，比如往右走路，線條就畫在人像左側；由上往下移動，線條就畫人像的上方。第二，注意線條長度，線條越長表示移動距離越大，通常也表示速度越快，可參考下圖範例。

用直線表示
由右至左快速撞擊

用曲線表示
由上至下迴轉移動

用短直線表示
由右至左緩緩移動

箭頭

　　箭頭可以用以表達角色的動作、彼此關係、上升／下降等訊息，尤其是在表達角色的關係上，箭頭的變化能夠代表不同的意義。

　　下圖兩個國家的關係圖解中，運用了粗線和虛線來表示彼此互動，粗線可以表示 A 國付出很多福利資源給 B 國，而虛線則是表達 B 國的回饋相對薄弱，我們可以善用箭頭的變化自訂意義，這麼做在引導或思考上，可以帶來很大幫助。

用箭頭變化表示角色關係

加上情緒符號，讓人立刻有感

　　情緒符號比表情圖還強大，只要簡單地將符號加在人物圖

像旁，就算不畫出表情，也會讓人感受到角色的情緒。不過要提醒大家注意，情緒符號在視覺上的效果很強，因此必須謹慎使用。下面我將情緒符號分成正向與負向二種，供大家在繪製時參考。

表情圖　　情緒符號

正向情緒符號

常用的正向情緒符號有：閃光、發光、愛心等。

正向情緒符號

閃光　　發光　　愛心

負向情緒符號

常見的負向情緒符號有：冒汗、驚嘆號、困惑、想睡等。

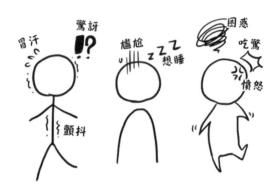

用圓形、線條、方形來添加道具

要為角色加上道具很簡單，只要用圓形、線條、方形，就能表達大部分日常生活的物品與場景。首先，想像物品的「輪廓＋特徵」，如下圖用棍子輪廓＋發光特徵＝魔法棒；用長方形輪廓＋值日生＋板擦＝黑板；用圓形輪廓表示籃球。

要是畫得不太像怎麼辦？別忘了隨時都可以搭配關鍵字來幫助理解跟想像。

運用視角變化，畫出故事力

在漫畫中會使用分鏡來呈現不同的訊息與視角，應用圖解在進行溝通時同樣也可以這麼做。以學生收到成績單的過程為例（見下圖），第一張圖先以特寫畫出臉部表情，接著切換成半身中景表現學生拿到考卷，並搭配對話框補充關鍵資訊（國文科零分），最後則是運用遠景呈現角色與所處環境的狀態。像這樣透過遠近變化，來創造差異與效果。

如上圖漫畫，運用視角的變化，可以達到幾個效果。

特寫：抓住閱讀者注意，讓人清楚這件事的主角是誰。

半身中景：表達主角與關鍵物品，讓人了解發生什麼事。

遠景：描述環境，讓人看見這件事發生在哪裡。

隨著更多的練習，我們會越來越熟悉如何快速的畫出角色，在教學時不需要一開始就把圖全都完整畫完，而是一點一點地添加，先畫人再加上動作，甚至適時的增加情緒符號，最後變成一個故事，讓圖像隨著教學的過程而有變化，學生在學習的過程中也會產生更多驚喜。

最後提供一個四格漫畫模板，老師們可以運用上述所學，發揮創意描繪一個案例或故事吧！

每位老師都需要的
教學表情包

上一篇我們學會了畫角色，接下來要教大家畫「教學表情包」。為什麼每位老師都需要學會教學表情包？有了表情包對教學能產生什麼影響呢？

當課文中的角色都有了表情

表情可以快速反映角色目前的內心狀態，因此適時的應用表情圖像，能夠幫助學生在文字解說之前，看出角色的心境。我們就來看看，應用圖像表情教學能帶來的優點：

1. 認識作者及角色

不管是國文課本中的作者，還是把元素表中的化學符號擬人化，只要加上表情，就連古人都會變得超有感，簡單幾筆畫就能加深學生對知識內容的印象。

2. 同理文章與事件的主角

想為主角加上表情,得先感受他們的情緒,當學生們與角色能有情緒上的聯結,進而就能產生投射作用,生出同理心。

3. 將知識擬人化

將知識擬人化的代表莫過於《血型小將》系列書,不管要教的是細胞、器官還是星球,畫上表情就對了!大腦喜歡有趣、幽默以及和自身有關的資訊,擬人化可以將抽象的知識變具象,再加上情緒,大腦就能記得住。

4. 引導學生回顧自身經驗

當我們想要請學生表達情緒時,萬一學生說不出來,那就用表情包來讓他們選擇吧!用一張張表情來喚醒孩子大腦中的記憶片段。

5. 創作故事

所有的故事都是由角色、情緒、時間、場景所組成,運用表情包能幫助學生感受情緒,進而發展出故事。

6. 吸引注意

　　當發現學生上課愛理不理、放空恍神時，試著在黑板上把他們的表情畫出來吧！你會發現這麼做就像在黑板上擺了個鏡子一樣，學生的注意力全都回來囉！

7. 創造有趣

　　趣味是學習的起點，當我們能運用表情讓資訊變得有趣時，就不需要花費時間、力氣來啟動學生的學習動機。這技巧能滿足學生情緒及視覺上的需求，自然能創造學習最大成效。

如何畫出簡單又逗趣的表情

　　了解了表情包在教學上的效用之後，大家一定很想知道要如何才能畫出吸引學生目光的表情包吧！只要參考以下步驟進行，就可以簡單畫出你心中的趣味表情。

1. 先畫出主角

　　這點超級重要，沒有主角說再多都沒用，大家可以參照上一篇的作法，先把主角畫出來。

2. 加上眉毛、眼睛和嘴巴

表情圖像基本是由眉毛、眼睛、嘴巴構成，只要畫出這三種就可以，根據我的經驗是否畫出鼻子對情緒表達影響不大，所以可以省略不畫，但要注意眉毛與嘴巴的表情要一致喔！

3. 適度加上框與情緒符號

由於「框」具有視覺聚焦的效果，所以圖上若有框，會讓讀者立即注意到框內的文字。在圖像上只要加入對話框或想像框，就能創造與角色的對話感，另外也可以運用情緒符號增強張力。

我把《論語》變可愛了

接下來，我藉由《論語》〈子游問孝〉來示範，要怎麼把課文中的古人們畫出來，讓這些角色栩栩如生地呈現在學生眼前，也歡迎大家一起動手畫畫看。

子游問孝。子曰：「今之孝者，是謂能養。至於犬馬，皆能有養；不敬，何以別乎？」

(1) 用跳棋人或星星人來畫出角色輪廓。

(2) 加上眉毛、眼睛、嘴巴。尤其是眉毛和嘴巴是表達情緒
的兩大關鍵，可以展現出子游的疑惑，以及孔子認真說
明的模樣。

(3) 因為原文本就是一段對話，所以在人像上頭加上對話
框，裡頭只要放入關鍵文字即可，並搭配孔子的腮紅、
子游頭上的問號等情緒符號，來加強張力。

藉由這張圖可以引導學生進一步討論兩個人當下的情緒、
思維，以及知識背景，也可以聯結到平時自己請教別人或被請
教的經驗等，讓課程有更多的思考與討論。

收集專屬於你的表情包

　　大家平時可以藉由觀察學生臉上常出現的表情，如：興奮、疲憊、冷淡、積極、放空等，多多嘗試練習畫出不同的情緒，並將這些圖像建立起來成為自己的圖庫，這圖庫將隨著我們的觀察與收集會越來越豐富。接著把這些圖分為正向情緒與負向情緒兩大類，當有了這兩大類型的表情包後，就能運用正負向表情間的反覆交替，快速抓住學生的注意力。舉個例子來說，當在介紹李白生平時，就可以利用情緒的反差，來說明他生命歷程的轉變。

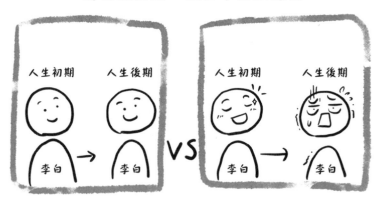

用情緒反差，抓住學生注意力

關於表情的畫法，我在下面提供一些圖像給大家參考，除此之外，大家也可以從網路搜尋表情符號或line貼圖來豐富自己的表情包素材。

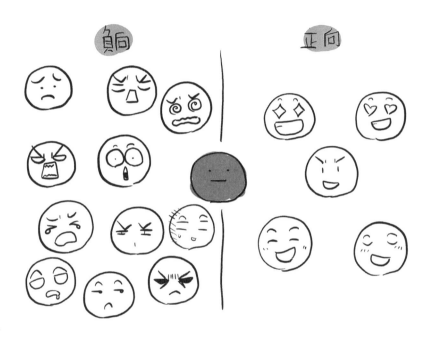

最後，下圖是我整理的表情包模板，大家可以試著在正、負向表情框內畫畫看，也能適時搭配右邊的特效來做加強。最下方的人像和對話框則是圖像溝通的基礎，大家也可以組合運用。期待老師們應用的成果，讓我們一起用圖解翻轉教學讓學習更有趣。

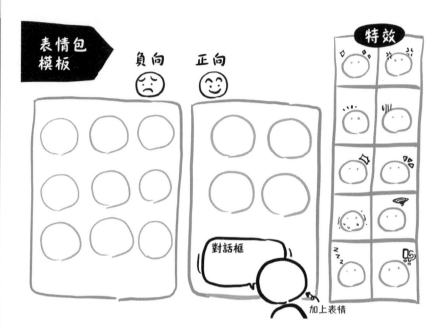

善用框聯結學生和學科文本

在人際的相處上，對話可以幫助彼此理解，在學習的面向，對話同樣的能夠協助學生和生硬、抽象的知識聯結。那麼當我們要將圖解應用在教學中時，要用什麼工具才能創造學生與學科文本的對話空間呢？答案就是「框」。因此在這一篇裡，我要教大家來畫「框」。

畫不畫框有差嗎？

標題：

難忘的事：

心情感受：

新的發現：

未來應用：

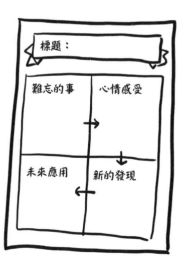

標題：

難忘的事	心情感受
未來應用	新的發現

　　上面二張圖是某位老師想帶領學生撰寫暑假心得所設計的學習單，你覺得哪張看起來比較簡單呢？

　　一定是右邊的吧！因為框能幫助讀者聚焦重點，同時由於視覺上的限制感，比起左邊無範圍的書寫，會感覺比較簡單，只要填空就好。而當課程內容被我們拆解成一格格的框格時，也會讓人產生想要填滿、加工的渴望，此時只要按部就班的引導學生進行填空，就能有順序的完成教學目標了。

　　也因此當我們在設計學習單時，建議略改一下過去的模式，只要簡單加上幾個框格，學生的執行意願與完成度就會跟著提高喔！

　　圖解教學中常用的框，除了上面能讓學生填入答案的資訊框外，還有標題框、對話框、想像框、情緒框等四種類型。這四種框乘載著傳達情緒與資訊的作用，是聯結學生和學科文本的重要關鍵，不管是在教學、會議，或是個人筆記的運用上都有極大的用處，接著我將會一一詳述用法。

標題框

　　想要讓圖解一目瞭然，關鍵就在資訊的層次，也就是必須讓人清楚看到頁面裡最重要的前三項訊息。想要做到這點可以從字體的大小、粗細的變化來達到這個效果，此外最簡單有效

的方式就是加上「標題框」。只要用標題框框住重點文字，再依照視覺動線的習慣，先左而右；由上到下；從中間到外圍來做規劃（如下圖），學生們就能清楚看見這堂課的主題是什麼，而不會迷失在茫茫文字海中。

視覺動線習慣

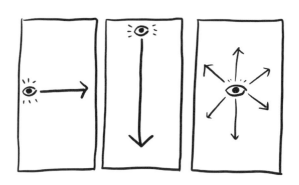

接下來我要介紹二種常用的標題框：

(1) **經典標題框**：用緞帶形式的框＋文字來呈現，適用於教學或會議中，用以表達課程與會議的主題。

經典標題框
常用於教學、會議中

(2) **人像標題框**：以人像＋對話框的組合呈現，常用於學習
　　筆記（人像代表書籍作者、講座講者），以及個人心得
　　（人像代表自己），例如：暑期心得、旅遊心得、影片
　　賞析心得等。

人像標題框
常用於筆記心得中

對話框

　　所有情境都是由角色間彼此互動所形成，無論是孔子與弟
子的對話，還是身體細胞與病毒的抗爭，在對學生講解的同
時，如果能適時運用「對話框」讓學生填入對話，不僅可以增
添情境的細節，也能使學生產生投射、共鳴，創造出換位思考
的效果。

　　由於對話框的範圍有限，當我們要圖解某則新聞或古文內
容時，不可能將所有想說的內容全抄寫進對話框裡，這時就必
須進行資訊的篩選，也因此老師可從中看出學生的觀點與理解
程度。

對話框除了對話之外，也可以用來補充資訊，做重點提醒，會有個人心得補充的效果。

用對話框增添情境

想像框

想像框能表達角色的內心話，呈現出情感面的思維，最常出現在下面幾個情境中：

1. 表達心情與想法

所有的心情與想法都可以放在想像框裡，例如我們要帶領學生們預想暑假生活，可以在學習單中畫下一個大大的想像框，讓學生寫下心中的想法。

2. 描繪現況與目標

當我們要帶著學生探究像「自主學習」這樣的主題時，因為必須先了解學生目前的狀況與目標，所以也可以運用想像框來呈現學生目前的學習困擾，或是預想學會後的好處。

3. 呈現角色的心境與案例情境

想像如果自己是主角會怎麼想？怎麼做？當然擬人化的資訊也可以，例如：我們可以想像身體細胞遇到疫苗會想什麼？反應如何？

想像框的適用情境

使用想像框時需要釐清對話框與想像框的差異，簡單來說，說出來的是對話，沒說出來的是想像。例如：思考、疑惑、規劃、幻想、擔心、渴望、回憶、模擬、心情等，都適合使用人像搭配想像框來呈現。想像框內不見得都要放文字，也可以用圖展現，如在框內畫食物加上人物流口水的樣子，來表達想吃東西的念頭。

情緒框

情緒框與對話框都是表達「說出來的資訊」，關鍵差異在於情緒的強度，通常情緒框傳達的資訊量較低，會搭配關鍵字、語助詞來提升情緒強度，如下圖的號召（揭竿起義啦）、責罵（你真的是……）因為情緒張力較大，所以比起對話框，更適合用情緒框來呈現。

　　由於情緒框外形為不規則形狀，所以會讓人有眼睛為之一亮的提醒效果，因此如果有特別想強調或提醒讀者的訊息也能放入其中。如圖片中的「輸入、處理、輸出三階段」，我便使用情緒框來提醒「處理」階段的注意事項。

　　在設計學習單時，也可以適度的搭配情緒框與情緒符號，如：爆青筋、顫抖線等，這麼做會讓學生們在答題時更有情境感喔！

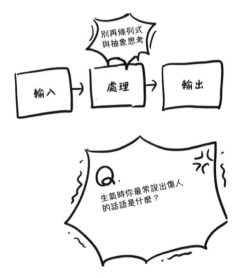

　　圖解教學的關鍵之一，就是讓看不見的被看見，因為「看見，就能產生力量」。透過上述這些框的運用，能協助學生將腦海裡的想法、情緒、觀點圖像化，並在黑板上具體呈現，老師便能再將學生觀點與教學資訊做整合，也可以做圈選、打

勾、標誌、刪除、投票等進行教學互動。因為看見，學生不需要耗費心力在腦中想像與整理，挪出的大腦空間自然能進入更深度的學習。

只用圓圈圈
就能強化學習記憶

在《大腦喜歡這樣學》一書中提及,學習最重要的一個動作是「提取」,提取就是把資訊從腦袋中拿出來用,而其中包含兩大重點:

(1) **提取資訊的頻率要高**:資訊提取的時間間隔要頻繁,簡單說就是三不五時就要做「提取」的動作,因為透過不斷提取會強化大腦神經元的聯結強度,宛如對腦袋傳遞「這資訊很重要,要好好記起來!」的訊息,因此與其一口氣讀五個小時的書,倒不如分五天各讀一小時來得有學習效果。

(2) **提取資訊的方式要多元**:如果讓學生每天都用同樣的方式(如寫考卷)來提取資訊,會容易讓人感到疲憊且無趣,所以可以藉由圖解、口說、討論、戲劇等多元方式進行,尤其圖解可以簡單建立與聯結更多生活經驗及其他資訊,更是好處多多。

經過這幾年的研究與實際運用，我發現想要強化學習記憶，用「圓圈圖、泡泡圖、雙泡泡圖」這三張圖的組合效果最好，不僅簡單還能同時兼顧上述提到高頻率與多元的要點。

用三張圖打造高效學習圈

1. 用圓圈圖做課前預習

千萬別天真以為，學生可以毫無準備地在課程當下立刻吸收、理解老師的教學或掌握課堂的重點。即使成為講師多年，在授課前我也經常需要使用圓圈圖做準備，預想這堂課可能會提到什麼主題？會延伸哪些問題？有哪些圖像可以派上用場？所以，老師們在正式課程開始前，可以利用下面的圓圈圖，協助學生做課前的預習。在中間圓圈中填入課程主題，針對這主題去做聯想，讓大腦先進行第一次的提取，同時也幫大腦暖身。例如關於這個主題會聯想到什麼資訊？哪一本書？哪件生活經歷等，在這個過程中，重點不在追求標準答案，而是避免學生在腦袋空白的狀態下學習。

圓圈圖
使用時機：課前預習

2. 用泡泡圖做提取複習

泡泡圖

使用時機：課後複習

接下來的泡泡圖，就是在課程結束後，像是下課或當晚預習用，圓圈中心一樣寫上課程主題，周圍畫出至少六個小圓圈，在外圍的小圓圈中填入與中心相關的次主題，且「不重複、不遺漏」，以〈台灣山椒魚〉這篇課文內容為例，小圈圈裡就可以填入棲地、食物、外觀、天敵等不同的主題。

假設今天課文的資訊只能往外細分四個小主題，那還有兩個圈是空的怎麼辦？圖解思考有趣的地方就在這裡，那兩個圈圈就是用來讓學生主動思考，向外收集更多不同面向的資訊。如此一來學生的學習才不會受限於課文內容，而是透過需要完成圈圈圖，主動探索課文中的主題知識。當然每個小圓圈都還可以再向外延伸，如山椒魚的棲地有哪些特性？主要分布在哪裡？以釐清哪些是自己熟悉的，哪些是還不會的。如果只是單純抄寫筆記，很有可能就會產生「我都記住了」的錯覺。

3. 用雙泡泡圖強化聯結

雙泡泡圖
使用時機：考前複習

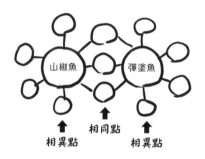

相同點

相異點　　　　相異點

　　雙泡泡圖可以幫我們把新學到的知識與過去所學做比較，比如目前學的山椒魚，就可以跟過去學過的彈塗魚聯結。

　　先在雙泡泡圖的兩個中心分別寫上名稱，中間的三個圓圈表示兩者的相同點，各自左側、右側的圓圈則代表相異點，當學生完成這張圖解時，不僅複習了彈塗魚的舊知，也鞏固了山椒魚這個新知。無論是背誦英文單字、學習歷史朝代，還是閱讀書籍，都可以藉由這個方法強化記憶聯結、鞏固知識，考前複習用這個方法最棒了。

　　另外在表達與討論時，雙泡泡圖也是一個超好用的工具，比如要介紹一位新興藝術家，可以透過雙泡泡圖來比較與其他知名藝術家的異同，就可以快速呈現個人觀點與想法喔！

最後分享《大腦喜歡這樣學》書中一句鞏固記憶的口訣：
「連起來，記起來！」透過圖解把資訊相連，藉由圖解讓新、
舊知建立起聯結，記得住就是自然而然的結果。

學習重點一眼可見的
資訊分類圖解法

不管什麼學科的資訊都會遇到需要分類的狀況，如在地理中的地形分類、生物中的細胞分類等，關於分類圖的框架很多，我整理三種最為好用的類型提供大家參考。

一個主題的大括號圖

大括號圖即是在主題旁邊搭配一個大括號，然後列出關於主題的三項重點。大括號圖適合用來讓學生練習整理與主題相關的重點，以及表達出對於主題的想法與觀點，大括號後的三點資訊可以是外表可觀察到的資訊，也可以是知識背景。以古宅建築為主題來示範圖解步驟：

(1) **描繪古宅圖像**：可以從輪廓＋特徵先畫出古宅的樣子，增強印象。

(2) **右邊畫出大括號圖**：請學生列出三點外表可觀察的資訊，例如：屋簷、窗花、壁畫等，老師也可以提供選項

讓學生做選擇。

(3) **左邊畫出大括號圖**：外表可見的資訊找到後，同時也可以列出重要的知識背景，如：工法、歷史、緣由等，同樣的老師也可以提供選項。

大括號圖運用示範

知識背景
- 工法
- 歷史
- 緣由

有形資訊
- 屋簷
- 窗花
- 壁畫

李騰芳古宅

　　藉由大括號圖中學生們列出的分類要點，老師可以清楚看見大家對於內容的理解狀態，是否有列出教學中的重點知識，也能再順著三點分類再向外延伸補充教學。

二分法圖解

　　二分法圖解適合用在區分相類似的主題，如用法相似的英

文單字，快速地讓學生了解二者的不同，同時也可以釐清容易
被混淆的觀念。

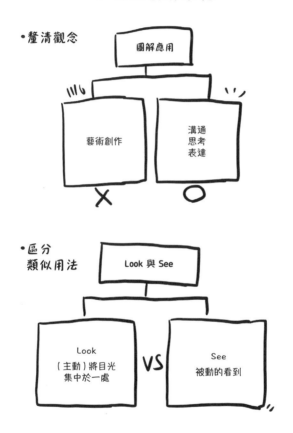

二分法圖解示範

Yes/No 分類

　　Yes/No分類可以讓人快速建立正確觀念，藉此掌握學生
們的理解狀態，進而做後續的教學補強。特別是抽象、不熟悉

或是學生容易混淆的觀念或主題，效果會更好喔！以「學習策略」來做例子：

No 你以為：學習策略就是速讀，快速讀完很多書、考試技巧。

Yes 實際上：學習策略是讓知識學以致用的思維與方法。

用這樣的方式呈現，一下子就能建立正確觀念了。

vs 比較分類

當面對到兩種觀點、方案或是相似主題，就可以運用vs比較法來說明，比如我們上面舉的「Look與See」的例子，可以從兩者的定義、舉例甚至畫出圖解來進行比較。

二軸矩陣分類

二分法分類除了上述二種之外，還可以使用「二軸矩陣分類」。二軸矩陣分類是用二項指標切割成四個象限做分類，適合用來進行同主題多選項的資訊，比如：台灣各縣市分析、唐朝詩人分析、英文單字分析等。以整理閱讀書單為例，過往我們習慣用清單方式羅列自己看過的書，這樣的方法雖然簡單但思考刺激較少，如果換個方式，以二軸矩陣框架來分類呢？

像我以「推薦／不推薦」以及「圖像為主／文字為主」兩大指標分類我的書單，這麼做可以把一堆看似毫不相關的書籍

簡單分為四大象限。當要向別人推薦書籍時，這樣的分類既清楚又有幫助。大家可以依照自己的需求或課程重點來訂定指標，當龐雜的資訊有條理的被分類整理後，資訊的重點就能一眼看出。

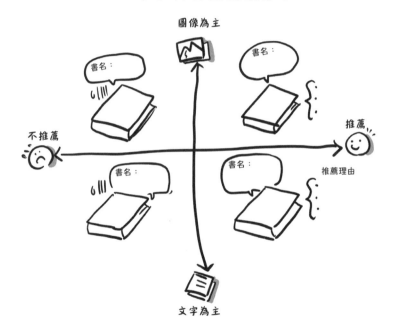

以二軸矩陣分類閱讀書單

九宮格思考法

　　說到九宮格思考法，其運用方式也是一種分類的邏輯。九宮格思考法不僅可以將主題做分類思考，也能用於目標管理。

首先我們要在格子最中間填入主題，而周圍八格則各自展開與主題相關的次主題。至於要怎麼填入次主題的內容呢？主要有二個面向：

(1) 發散型：由中心主題聯想展開。

(2) 收斂型：把中心主題拆解細分。

發散型能創造多元視角

在進行圖解力教學時，我很喜歡收集並設計多種視覺比喻的素材，為了讓素材更多元，九宮格框架不可少，而在發想周圍八格時我運用的就是發散型思考，去聯想要有好的視覺比喻素材必須注意什麼？有什麼故事？然後在外圍的八格內填入如：數量、流程、故事、好處、特性等重要的面向，如此一來就能在收集比喻時避免陷入單一角度思考，而能從多個面向來衡量。

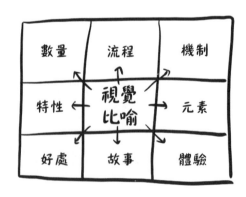

收斂型可以將目標拆大化小

　　九宮格之所以適合做為目標管理，是因為它能將過於龐大、抽象的目標拆大化小，變得具體易執行。例如：我的目標是想成為華人圖解教育的代表，那麼周圍八格就會是要達到這大目標之下的小目標，接著再針對這八個面向各自拆解八個任務，而所有的任務都是為了達成中間的目標而存在。

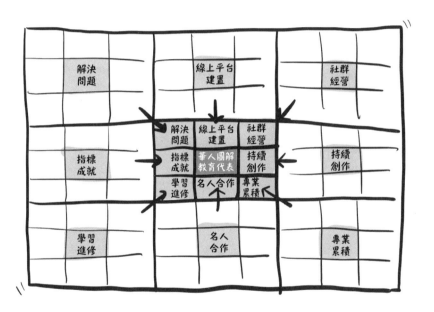

收集體驗活動的素材

　　九宮格除了做為目標管理外，也可以用來和孩子一起收集活動的回憶（模式同泡泡圖），用以整理與撰寫體驗心得。下

圖是假期間我帶著孩子參加雪霸國家公園的「汶水摸魚」活動後所完成的九宮格圖。

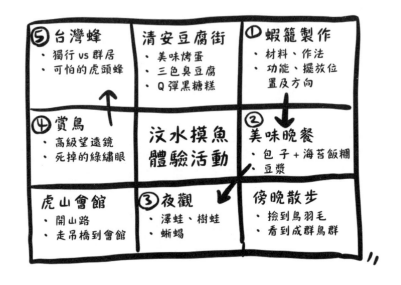

首先一樣把體驗活動名稱放中間，接著引導孩子發散聯想八個次主題，包含蝦籠製作、夜觀體驗、美味晚餐、虎山會館住宿等，記得相同類型資訊要放在同一格中，像是蝦籠的材料、作法、功能等，都在「蝦籠製作」框格內。接著再進行收斂，針對這八格資訊，篩選出想呈現的重點，進行編號與加上箭頭，來思考寫作題材的順序，如此一來就可以循序漸進的完成一篇遊記了。

上面三大類用以資訊分類的圖解框架，我稱之為「123分類思考法」，透過這些圖能幫助學習者的大腦解壓，從面對一張白紙要無中生有，進展到有主題、有架構的思考與拆解，能有助於跳脫既有思維，看見更多層面與選項。下回別再拍著腦袋苦思了，記得畫張圖解框架，運用填空來思考會更加輕鬆又有效喔！

運用圖解做議題探究，
問題思辨

　　當我們要帶領學生做議題探究時，時常會遇到一個困難，那就是抽象思考對學生來說過於困難，更何況探討的過程中難免會有各種天馬行空的想法出現，使得問題的討論很容易就會偏離主題。

　　因此當我們需要帶著學生深入思考某個議題時，最好能讓學生看見思考的過程，那麼要怎麼做呢？本篇我將分享兩個好用的框架給大家。

用探究框架提高思考深度

　　「探究框架」是透過圖解，來探討問題原因、觀點與理由的工具，其優點是我們能向下深度思考、跳脫盲點，適合針對較抽象、沒有標準答案的主題，如閱讀心得、專題報告等，進行個人或小組意見的歸納整理。

下面以「為什麼做了筆記卻無法改善成績」為主題來示範如何運用。步驟如下：

(1) 畫出空白的探究框架圖。

(2) 最上方框格寫下要討論的問題或議題，例如：「為什麼做了筆記卻無法改善成績？」

(3) 接著針對問題列出三點原因，例如：「做了也不會看」、「想看卻看不懂」、「筆記裡沒重點」等。

(4) 過程中適時引導詢問學生「這句話是真的嗎？」用以釐清客觀事實與主觀感覺。

(5) 繼續針對第二層分析出的三點原因，再往下探究，例如：「做了不看」是因為筆記亂放找不到、被動要求要寫所以不想主動看、因為找不到筆記的用途與價值所以不看、筆記都是文字不有趣等。第二層的理由「看不懂」，往下再思考可能包含沒架構、單純照抄沒理解、沒思考等原因。

(6) 最後可以針對原因與學生討論解決方案，若時間有限，也可以挑選一兩個問題來發想答案，如此一來便完成一場全班的思辨旅程。

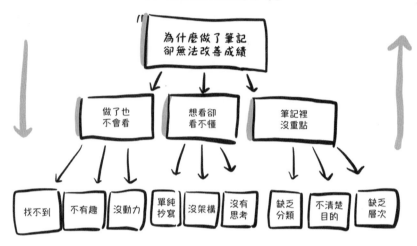

探究框架主題示範

探究框架除了分析原因外，也可以用來思考解決辦法。當我們由上而下找到原因後，可以再挑選一個重點，繼續運用探究圖來找出辦法。比如我們可以挑出「筆記中沒架構」這點，把探究的題目訂為「如何讓筆記有結構」，接著運用框架再往下思考對策。

建議老師們在上課前可以先把空白的框架圖印出來，讓每位學生都能親自動手寫，最後再透過黑板來彙整學生的看法並進行互動。

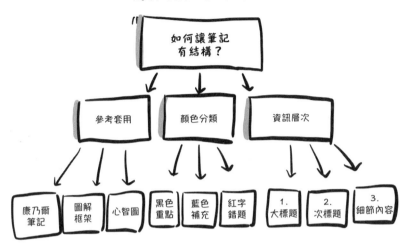

用探究框架思考對策

如何讓筆記有結構？

參考套用　顏色分類　資訊層次

康乃爾筆記　圖解框架　心智圖　黑色重點　藍色補充　紅字錯題　1.大標題　2.次標題　3.細節內容

用因果框架挖掘原因與觀點

　　「因果框架」指的是從可觀察的事物主題出發（中心點），往左思考可能原因，往右探究造成結果的思考工具。適合針對單一可覺察、客觀資訊豐富的事實，如社會議題、自然觀察等，進行因果探究與整理。

　　下面以「行人地獄」為題，來示範如何運用因果框架。

　⑴ **主題**：先在中間放一個主題框，填入要討論的主題，例
　　　如：「台灣交通被國外媒體稱為行人地獄。」

⑵ **原因**：在主題框左側畫出三個框，來填寫原因，讓學生思考「是什麼原因造成駕駛對行人不友善？」

⑶ **結果**：接著在主題框右側畫出三個框，來填寫結果，思考繼續這樣下去的話，未來會發生什麼樣的後果和造成什麼風險。

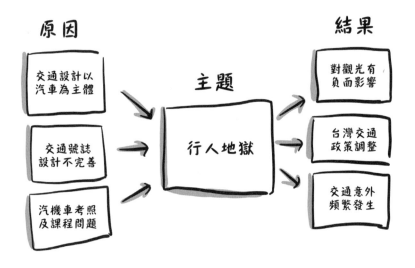

因果框架可以幫助我們有脈絡地去思考，某個現象是什麼樣的原因（人事時地物）造成？這件事又會帶來何種後果？這讓大家的思考點不再停留在事件本身，或是憑感覺快速下結論。也因為這樣的框架簡單好操作，完成之後，也能幫助學生延續成為一篇文章、講稿或報告。

最後，提醒大家在帶領學生進行思考探究時，除了運用上述的框架之外，老師的主要任務便是引導提問以及彙整資訊。我們可以善用以下三大問句：「為什麼？」、「這是真的嗎？」、「所以呢？」帶領學生探究原因、釐清事實與觀點，以及思考後續的對策，如此才能讓學生們在思辨的過程，穩穩走往對的方向！

用圖解培養問題解決力

從小習慣做筆記的我，在進入職場後遇到了重大的挫折，那就是過去求學階段的筆記方法，幾乎派不上用場，因為課程筆記的目的是為了考試，是有正確答案的，但離開了課本，職場上的問題在本質上完全不同，根本沒有標準答案。

於是我開始思考，當我們面對充滿變動、未知的真實世界時，也能夠運用圖解整理資訊與想法，並有效地發展解決問題的策略嗎？

這些年我花了許多心力，繳了不少學費，逐漸摸索出一套可以用來解決問題的圖解法。因為我始終相信，圖解不只是幫助學生有系統的整理課程知識，同時也具備思考與解決問題的效用，是一種可以帶入職場、用於生活的能力。接下來，我便要跟大家分享這些能解決問題的圖解框架。

用問題分析模板看見困境

　　遇到困難時，不是急著思考如何解決，而是先想想問題出在哪裡。那麼什麼是問題呢？我最喜歡的解釋是「問題＝現況與理想的落差」。這個觀念相當重要，因為當不了解問題在哪裡時，就會在不對的地方努力。下面這張視覺模板，就是要來幫助學生看見問題、發現問題。接下來我會以「為什麼社會科考不好」為例，示範如何運用問題分析模板。

問題分析模板

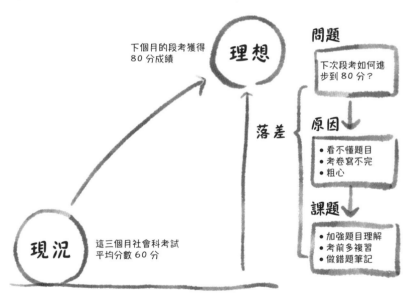

1. 現況

意指描述目前的狀態，敘述要越清楚越好，比如要請學生分析社會科成績不好的原因，那麼就要具體說明這個「不好」是幾分？是容易大考考不好還是小考考不好？對於現況的敘述越具體越好。

原則上可以運用「時間＋數字」來說明，如「這三個月社會科考試平均分數約60分」。

2. 理想

理想即是接下來的目標。延續上述的例子，假如理想是希望在下個月的段考獲得80分成績，那麼就要再深入思考這個理想會不會太高、不切實際？要知道目標越高，問題解決的難度越大。

3. 問題

釐清現狀與理想之後，才能清楚定義問題是什麼，以例子來看，這裡的問題就是「如何在距離下次段考期間，讓成績從60分進步到80分？」

4. 原因

　　讓學生盡可能發想自己考不好的原因，不管這個原因有沒有道理、正不正確，引導者都先不否定，盡可能收集各種想法，像我帶著孩子在探討成績問題時，孩子常會說：「就是因為我不聰明啦！我笨！」、「看不懂題目」、「我沒時間」、「老師沒教」、「就粗心啊」等等，這些都可以列出來，先接受與覺察，才可以做後續的思考與篩選。

5. 課題

　　在列出各種原因之後，接下來讓學生去思考要處理、改變哪些原因？這環節可以引導孩子了解，哪些原因是「可控」的，哪些是「不可控」的，並且不要試圖解決不可控的課題，比如環境、考題、增加考試時間等，而是聚焦在自身可以改變的可控因素，如「粗心」、「建立複習的習慣」、「寫錯題筆記」等課題。

　　藉由以上流程，「問題」不再是一種感覺，而是能被看見，並且有脈絡可以依循，能一步一步思考與拆解的事，當我們看見需要被解決的課題後，接下來就能有效延續到下個階段——如何解決問題，這時就需要第二個框架囉！

用 GROW 圖當自己的問題解決教練

　　看見問題之後，接下來就要針對問題提出有效執行的對策，這裡我參考《高績效教練》一書中提到的「GROW 成長模式」設計了下面用於問題解決的模板，其操作流程如下：

GROW 問題解決模板

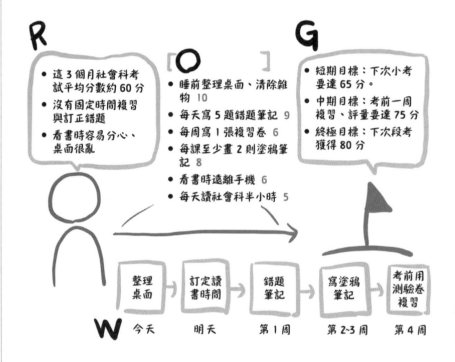

R
- 這 3 個月社會科考試平均分數約 60 分
- 沒有固定時間複習與訂正錯題
- 看書時容易分心、桌面很亂

[O]
- 睡前整理桌面、清除雜物 10
- 每天寫 5 題錯題筆記 9
- 每周寫 1 張複習卷 6
- 每課至少畫 2 則塗鴉筆記 8
- 看書時遠離手機 6
- 每天讀社會科半小時 5

G
- 短期目標：下次小考要達 65 分。
- 中期目標：考前一周複習、評量要達 75 分
- 終極目標：下次段考獲得 80 分

W
整理桌面（今天）→ 訂定讀書時間（明天）→ 錯題筆記（第 1 周）→ 寫塗鴉筆記（第 2~3 周）→ 考前用測驗卷複習（第 4 周）

1. 目標（G，Goal）

　　這裡的「目標」等同於問題分析模板中的「理想」，差別是在這個模板裡還能將目標再拆解，細分為「短期目標」、「中期目標」與「終極目標」。假設下個月段考社會科成績能進步到80分是終極目標，那麼短期目標可以安排最近的小考要考到65分，中期目標則是考前一周的複習卷、評量要考到75分等，這三個目標一樣要越具體越好。

2. 現實狀況（R，Reality）

　　「現實狀況」就是問題分析模板中的「現況」，除了上面提到的現狀是60分之外，還可以清楚列出目前的學習時間、環境、方法及資源等，將現狀做更完整的評估，幫助後續擬出有效的具體對策。

3. 選擇（O，Options）

　　「選擇」就是去思考解決問題需要哪些策略和行動，當在引導學生思考對策時，有一個重要觀念一定要掌握：請不要糾結在既定的結果。不要去檢討考試的成績為什麼會這麼差，而是專注於後續可以掌控的行動，例如：增加複習次數、改變學習方法等，幫助孩子思考接下來可以做哪些事，同時也要加上時間、任務等可衡量指標，這麼一來才有益於執行。

4. 達成目標的意願（W，Will）

　　達成目標的意願是我認為最重要的環節，在協助孩子解決問題時，常會發現孩子整理的策略、方法都對，但就是不想做！所以在這裡，必須針對選擇的策略或行動進行意願自評，請孩子依據自己的意願，用一到十分來為上面訂下的行動打分數，然後找出最有意願的前三順位，再給予建議，規劃出優先執行的選項。接著根據選項整理出一個流程圖，填上預計完成時間，以便按表操課以及隨時檢視流程是否能有效達成目標。同時也要保持彈性進行修正與增加細節，比如課程各單元目前的複習進度等，都可以搭配便利貼補充上去。

　　上述二張圖解可以幫助孩子拆解問題，找到問題解決的方法，並且設立步驟一步步達成目標，當然能不能持續的動力很重要，所以當我們讓孩子完成圖解後，可以把圖張貼在孩子時常看見的位置，好提醒他們自己正朝著目標前進，而且離目標越來越近了！加油！

本章回顧應用：
學生的旅遊視覺筆記

　　許多家長都喜歡帶著孩子到處旅行，學校每學期也都有安排戶外教學，大家用心規劃各種行程，就是為了讓孩子有不同的體驗，但不知道大家是否和我一樣，當我詢問孩子旅遊心得時，總是得到「還滿好玩」、「不錯啊」等千篇一律的回答。若再追問更多細節，例如：「旅行中有沒有發現什麼特別事物？或有什麼難忘的感受？印象最深刻的體驗是什麼？」等，得到的答案就會是：「沒印象。」

　　其實別說孩子，就連我們自己玩一趟回來，也很難對什麼事有特別印象，總是在事後靠著瀏覽手機照片，才能把記憶找回來。為什麼會這樣呢？

輸入與輸出的比例失衡

　　在旅行當中，我們看見許多美景、享受各種食物、親身參與各式體驗，大腦輸入了許多新的刺激，但卻很少讓它去處理

這些訊息，把體驗好好的整理，把感受細細記錄，更別說帶著孩子與其他旅行經驗做比較，或聯結課本曾經讀過的知識。因為輸入與輸出的比例失衡了，所以旅行就變成了只是出門玩，玩過就忘的事。輸入了許多精采畫面卻沒有好好的整理輸出，其實是一件相當可惜的事。

因此當旅行回來時，可以帶著孩子一起來寫「旅遊視覺筆記」。這筆記不是要讓孩子畫圖，也不是貼上旅行中各種門票、集章，是要讓孩子從旅程中獲得學習並刺激思考。那麼該怎麼做呢？在本章中將會一一細述。

書寫旅遊筆記的時機點

在開始學寫旅遊筆記前，先來想想旅遊筆記要什麼時候寫？大家一定覺得當然是旅行回來後啊！不，其實當準備旅行時，就可以同步展開了。

(1) **旅遊前**：先引起孩子的好奇，讓他們寫下對於目的地或體驗活動的想像。

(2) **旅遊中**：持續取材與記錄，只需簡單記錄並固定格式即可，也可以搭配手機錄影與錄音記錄當下的心情，利於之後回顧。

(3) **旅遊後**：整理並書寫旅遊回顧筆記、分享心得。

根據經驗，因為這個筆記需要帶著走，因此大家可以先以輕便好攜帶的筆記本做取材記錄，之後再用完整空白的筆記本做回顧整理。

用圖解框架開啟學習旅程

備好筆記本後，接下來就要用有趣的框架來記錄旅行了，下面所分享的所有框架都可以獨立使用，也可以合併在一起，我以今年帶孩子到泰國清邁旅行為主題，依照各框架操作的難度，由簡單到困難一一帶著大家來慢慢練習。

1. 用圓圈圖引起好奇

我們可以在旅行前先用圓圈圖展開介紹，像這次的清邁旅行我就詢問孩子「想到清邁會想到什麼呢？」藉以引起孩子對即將前往地點的好奇心。此外圓圈圖也能在旅行後進行回顧，讓大家寫下最有印象的內容。其操作方式如下：

⑴ 先在中心圓寫上主題。

⑵ 在外圈寫下聯想的資訊，記得同類型資訊寫在一起。

⑶ 篩選資訊，並將重點訊息加上底色來強調。

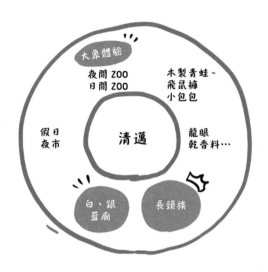

2. 用泡泡圖來收集資訊

在清邁旅行時，我帶著孩子體驗了泰式按摩，當要描述這項活動時，一開始只想到會不會痛？用了什麼味道的精油？但我是用泡泡圖來引導孩子寫筆記的，圖上可不只兩個泡泡，還有其他空白的圓圈待填，因此對描述事物沒想法的孩子，就必須去找更多相關的資訊，於是我帶著孩子一起上網查資料，一查才發現不得了，「泰式按摩」不僅歷史悠久，其原理還結合了穴位按摩與印度阿育吠陀醫學，更是被列為聯合國非物質文化遺產，十分有意思，讓我也學到不少。其操作方式如下：

⑴ 先在中心圓寫上主題。

⑵ 在周圍畫出至少六個空白小圓圈。

⑶ 在小圓圈中填寫描述主題的資訊，這裡我們可以運用五感來描述一道美食，或是透過人事時地物來記錄一項體驗活動，像我在泰式按摩裡就填入「穴位按摩」、「精油」等。每個圓圈都必須是一個獨立的切入點。

3.用雙泡泡圖與熟悉事物做比較

很多時候孩子們說不出旅遊心得，是因為缺少比較標的。當我問孩子對清邁有什麼感覺時，孩子很難回答，但只要換個問題問他們「台灣與清邁有什麼異同？」想法就接二連三的跑了出來，例如：夜市的差異、左右駕的不同等，這時我們可以用雙泡泡圖來讓孩子填寫，不但能加深印象，還能加強與舊知識的聯結喔！其操作方式如下：

⑴ 畫出兩個中心圓，分別寫上要比較的主題。

⑵ 在兩中心圓中間畫出三個空白小圓圈，表示兩個主題間的相同點。

⑶ 兩中心圓左、右側各自畫出五到六個空白小圓圈，表達相異點。

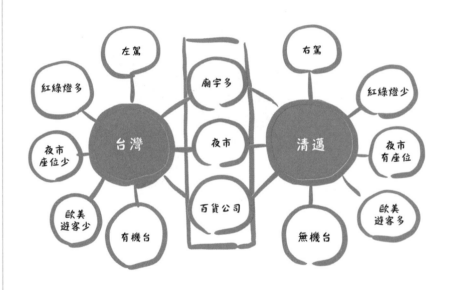

4. 用大括號圖拆解具體人事物

　　很多時候對於旅遊的點點滴滴大腦不是記不住，而是很難憑空回想，這時若能運用圖像為大腦提供線索，就能幫助回憶，增添更多細節。這趟清邁之旅中，泰式酸辣湯（冬蔭功湯）讓我們全家大小印象深刻，除了辛辣的味道外，湯頭的色

澤以及配料都相當有特色，遇到像這樣旅行中的特色美食，我們就可以一起帶著孩子來畫一張美食圖解。

⑴ 簡單描繪主角（這裡當然就是泰式酸辣湯囉）。

⑵ 在旁邊畫出一個大括號。

⑶ 在大括號內針對主角補充細節資訊，如美食就可列出食材、湯頭、香料等，若今天主角是特色廟宇，那麼細節就可以從屋頂、屋簷、柱子、牆壁、門等面向來說明，那麼如果是少數民族呢？一樣可以從頭到腳來介紹特殊髮式、服裝、配件等項目喔！

蝦子

香菇

香茅

檸檬葉、南薑

5. 用流程圖避免流水帳

一趟旅程中一定會有大大小小的各種體驗，最習以為常的記錄方式就是像寫流水帳一樣，把大腦中的資訊一股腦地丟出來。但如果我們給孩子的是流程圖呢？（如下圖）事情就會變有趣囉！因為框是有限的，所以會逼著孩子的大腦進行回顧和

篩選，於是他們只能挑選出最有共鳴、難忘的片段，進而避免了流水帳的記錄方式。

　　以下是參與清邁大象生態體驗活動的一日行程，我省略了不是重點的交通部分，列出介紹、餵食、散步、洗澡、合影這五大關鍵點。流程框架可以針對整趟旅程來做記錄，也能鎖定單一體驗、單日行程來做圖解喔！其操作方式如下：

　　⑴ 畫出流程框架，空白框格可以有五到七個。

　　⑵ 針對主題依照時間先後順序，填入流程關鍵字。

　　⑶ 在各流程上下方補充圖像、文字資訊，如換上當地部落的特殊服裝，以及學會與大象溝通的語言（didi表示很乖）等內容。

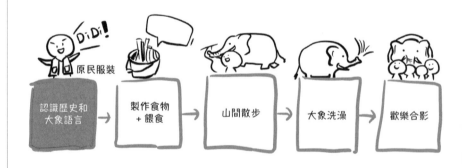

6.用因果圖讓每一個觀察都是思考的契機

　　好奇心在旅遊中是相當重要的角色，但若缺乏刻意練習，大腦很容易進入自動導航模式，呈現走馬看花看完就忘的狀態。所以我很喜歡和孩子進行「新發現PK遊戲」，就是每晚回到飯店後，簡單交流一整天看到什麼有趣、新奇的人事物，比賽看誰觀察到的比較多。

　　有了好奇心的啟動，接下來就可以應用因果圖來和孩子進行更深度的討論。以下就這次清邁旅行中，我們發現的「清邁很少紅綠燈」為主題，跟大家分享如何操作：

　　⑴畫出一個正方形框，寫下觀察到的新事物。

　　⑵往左畫出三個空白框格，填入事件發生的可能原因。

　　⑶往右畫出三個空白框格，填入這件事可能造成的後果。

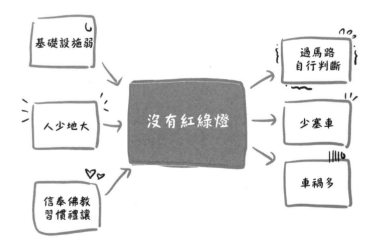

　　我始終相信每趟旅行都是一個學習的起點，而筆記是強化學習的催化劑。當我們有了書寫旅遊視覺筆記的目標，在過程中就能大幅提升觀察力，進而產生更多思考與感受。每趟旅程、每次的體驗都是孩子學習成長的養分，千萬別讓它在旅行結束後就消失喔！

　　歡迎大家試試下面的旅遊筆記模板，相信它會帶給你和孩子一趟難忘且充滿意義的旅行。

應用篇

教學適用
人生也適用

用圖解搞定班親會大小事

　　視覺比喻的應用，「植物」是一個常見而且好用的素材，我們會用種子來比喻學生，用雜草比喻影響成長的要素，在這篇文章中我想和大家分享自己經常使用的「大樹模板」。

　　我喜歡將大樹模板應用在團隊經營上，除此之外也能用來做閱讀筆記，樹根用以比喻書中的核心思維；樹幹是內容如何發展；樹上的果實則是這本書為我帶來的成果效益。當我在研習場合裡與老師們分享這張模板時，許多老師延伸應用在班級經營之中，也非常的適合。

　　接下來，我們就來拆解「大樹模板圖」的元素，並跟大家分享如何運用，讓大家的班級經營和班親會如大樹一樣既穩固又碩果纍纍。

像大樹般成長的班級經營術

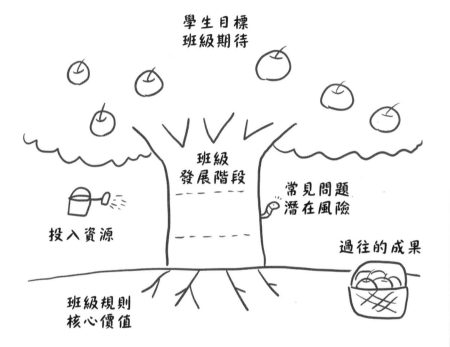

學生目標
班級期待

班級
發展階段

常見問題
潛在風險

投入資源

過往的成果

班級規則
核心價值

1. 樹根

　　樹根是整棵大樹的基礎，它能象徵團隊價值和共同遵守的原則。當我們運用在班級經營時，可以帶領學生進行班級規範的討論，在老師彙整大家對於班級規則的想法，與說明自身經營班級時的核心價值後，可以和學生們一起票選，把達成最多共識的要點記錄在大樹的樹根上。

2. 樹幹

我們可以將樹幹由下而上進行分段，用以比喻團隊發展的階段。分段的標準與階段數不限，比如：

⑴ 以時間做區隔，可分為短、中、長期。

⑵ 以遊戲等級做區隔，分為初級、中級、高級等。

⑶ 以團隊發展階段做區隔，可以參考美國心理學教授布魯斯‧塔克曼（Bruce Tuckman）的團隊發展階段，分為形成、暴風、規範、表現四種。

大家可以按照需求來設立發展階段，重點在於，必須明確訂定並與學生說明各階段必須完成的任務，同時也可以和學生共同探討任務包含的面向，如態度、能力、知識等。完成任務後就有資格往上升級，當然也有可能因表現不佳而往下掉，規則內容老師可以照需求來調整。下面是某位新接任班級導師大略的規劃。

⑴ 短期階段：

- 熟悉彼此（知道班上學生的姓名）。

- 教導班級常規秩序（了解班規與注意事項）。

- 了解課程計畫與收集想法（認識學期課程主題與收集期待、困擾）。

⑵ 中期階段：

- 遴選幹部（熟悉學生的個性、特長並選出幹部）。

- 建立班級文化（定期檢視回顧）。
- 建立獎勵制度（設定個人、小組、班級目標）。

⑶ **長期階段：**

- 參與班級競賽（獲得佳績）。
- 班級共創（完成團體任務：如共同規劃班親會、同樂會）。
- 分享學生間的故事（收集與交流彼此的生活與體驗）。

3. 樹上水果

講到果實很自然的就會聯想到成果，成果可以代表班級團隊的目標，這裡的目標與樹幹各階段的任務目標差異在於，樹幹階段的目標是整個班級一致性的大方向，而樹上水果則是「個體的想法」，可以是老師的目標、學生們的期待、家長的祝福等，我們可以運用便利貼將這些想法呈現在大樹上。當目標被看到的同時，學生們也能清楚了解自己得遵守哪些原則、會經歷哪些階段與任務，進而激發彼此互助努力達標的動力。

4. 水果籃中的果實

地上水果籃中是被採收下來的果實，代表著過去累積的成就，包含校內外的競賽、成果、體驗等，這個區塊的內容可以

不斷疊加上去，這麼做能讓學生們直觀地感受到自己滿滿的收穫與成長。透過大樹模板不但可以做為單次事件的思考討論，更能成為長時間用以提醒、互動、記錄的平台。

5. 澆水器

在班級經營這主題下，圖中的澆水器可以代表什麼呢？在研習時很多老師都提出了資源的概念。沒錯，這資源可以是學校提供的資源、老師投入的心力等。此外我們還可以引導學生們思考討論，還有哪些資源有助於達成班級與個人目標？老師可用不同顏色（或形狀）的澆水器將資源做分類，並彙整大家的推薦資源清單，讓學生們更有參與感。

以上是大樹模板出現的元素以及引導重點，接下來可以再進階想想看，大樹圖中還可以出現哪些元素？又能比喻成什麼呢？例如：樹根可以聯結到成功的習慣，那麼害蟲、蚯蚓、啄木鳥、肥料、下雨、太陽等又可以代表什麼呢？是不是還有好多好多的圖像可以運用，大家可以去思考，在自己的班級經營中，希望能讓孩子看到什麼、感受到什麼，再去聯想可以在大樹模板增添什麼元素。這樣的過程讓我深深覺得思考是件好玩的事！

用大樹模板協助親師溝通

　　大樹模板可以用於班級經營，也可以用在班親會上，與家長進行交流互動的效果更勝於各式簡報喔！接下來我提出幾個想法供大家參考。

1. 收集期待與目標

　　給家長一人一張便利貼，在便利貼上寫下對孩子的期待並自我介紹，接著讓家長尋找孩子預先貼在大樹果實上的自我目標，再把家長的期許貼在自家孩子旁。

2. 分享班級規則與過往成果

　　當老師們完成樹根上的班級規則後，可以藉著此圖與家長們分享帶班的核心目標，說明班級經營的方法、班級的運作，而地上的水果籃則能讓家長了解學生過去一學期來的成長，若是新班級的話，老師也可以呈現自己過往的成績與經歷，幫助家長快速了解自己的專長與特色。

3. 發展階段與常見問題

　　由老師分享在整個班級經營中，預計發展的幾個階段，同時也藉由樹上的小蟲，讓家長看見孩子在班級行為上出現的小

問題，如容易分心、上課吵鬧等狀態，再與家長分享自己是如何因應與處理。

4. 加入班級經營聯盟，資源共享共創

在參與過幾次孩子的班親會後，我時常想這是家長們難得聚在一起的機會，若只是老師單方面以簡報分享例行公事、各處室公告資訊，那不是太可惜了嗎？因為這些訊息其實只要在群組發布就可以了。

班親會的目的，最重要的在於與家長互動，而想要達到互動，其中一個核心的關鍵在於「共創」，讓班級經營這件事不只是老師的事，而是每位家長與孩子共同的事。

當老師藉由這棵大樹，讓家長們了解期待、過往成果、班級規範與發展階段後，接著老師可以發下便利貼或灑水器的圖像卡給家長，讓家長填入自身可以提供的資源，像是不同職業的分享、志工報名，或能否來班上帶孩子體驗活動等，藉此機會收集與整合班級家長的資源。更關鍵的是，這樣的參與過程，會強化家長對老師的認同感。

用航海圖與家長們有更多交流

身為兩寶爸的家長，在參與過幾場親師座談後，無論是從環境布置，還是簡報內容都能感受到老師的認真準備，不過我覺得比較可惜的地方是，師生間缺少了交流，家長們宛如坐在座位上課一樣。

為了能與家長之間創造更多的互動，老師們可以試試下方的航海圖模板，透過這張模板，老師們可以說明班級經營的重點，並運用便利貼請家長們分享想法，藉由交流也能讓老師對家長有更多了解。

圖上標題的重點如下：

(1) **主題**：O年O班的班親會。

(2) **目標期待**：邀請家長分享對於孩子與老師的期待。

(3) **班級原則**：船代表班級，而船錨就是班級規範與原則。

(4) **環境阻礙**：分享教育現場常見的問題或干擾。

(5) **潛在挑戰**：分享班上孩子的狀態，並且邀請家長一起來協助。

(6) **資源助力**：包含學校以及老師投入的資源，也能請家長思考可以提供什麼資源。

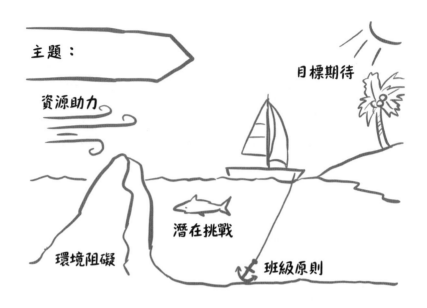

當我們藉由大樹圖和航海圖讓家長看到老師對班級經營的藍圖時，便能與老師的教學理念建立共識，這麼做會比口語表達、簡報文字更讓家長有深刻的感受，請老師們務必要試試看，用這些視覺模板開啟下一場不一樣的班親會。

四招圖解，艱澀古文秒讀懂

接下來的篇章我將與大家分享如何將圖解應用在各個科目中，這篇就先從國文科開始，在學習的過程中也歡迎大家一同思考，期待大家看完這些分享後，激盪出更好的點子喔！

有畫面，讓課文有趣又好記

在國文課本裡有許多文言文，對學生來說文言文不易閱讀，再加上年代久遠，與學生的生活經驗關聯性低，所以很難產生興趣。想要讓文言文變得有趣，可以運用圖解資訊本身來拆解課文，先把文章中的主要角色描繪出來，再根據課文情境，為角色加上情緒與表情，如此一來學生們就容易產生想像，進而對文章有共鳴。後續隨著課程進行，介紹到作者背景時便可將資訊寫在作者圖像旁，講解語詞與生字時，也能在上頭做補充，讓每篇文言文都有一張圖，學生自然好記又好懂，像遊記、詩詞、《論語》等都十分適合。

　　若文本內容是跟人無關的主題，比如描寫建築文化、美食回憶、旅遊風景等，可以掌握「輪廓＋特徵」去圖解主題資訊，比如下圖的古蹟＝房屋輪廓＋屋簷、窗花等特徵；牛肉麵＝一碗麵的輪廓＋食材特徵；建築物＝大樓輪廓＋建築特徵，讓學生們的大腦因為先有圖像線索可以想像與思考，接著再把跟主題有關的知識與課程內容補充在圖像的周圍，這麼一來課文內容就容易記得住了。

屋簷特徵

輪廓

食材特徵

輪廓

輪廓

建築特徵

將關係圖解，幫助學生多角度思考文本內容

　　資訊關係有許多面向，最表面的是文本人物之間的關係，然而人物內在性格之間的關係、文章提到的事件與時間、觀點等，彼此也相互連動，可視為廣義的資訊關係。

而〈木蘭詩〉這篇文章是最適合使用圖解資訊關係來進行教學的文本之一，接下來我會運用四種不同的圖解框架來剖析〈木蘭詩〉，分享如何運用圖解帶領學生拆解文本中各角色的關係、事件時序的討論、文本的核心觀點、文體的比較，讓學生從不同的角度去思考與學習。

1. 關係框架

　　想要讓學生一眼就能了解〈木蘭詩〉一文中各個角色之間的關係，彼此間的互動為何？哪些人又在花木蘭生命中扮演著關鍵位置？關係框架絕對是最好用的工具。只要畫上「框＋文字」來呈現角色，再加以箭頭說明關係，學生自然就能秒懂。

花木蘭角色關係圖

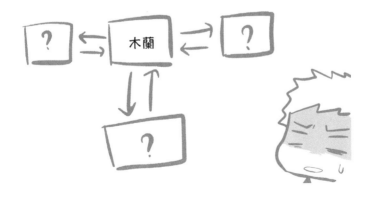

2. 流程框架

流程框架,指的是針對時間、步驟順序相關的資訊,以「框+箭頭」由左至右呈現的資訊框架,適合用來讓學生熟記與理解事件始末、發展階段,或用於自然科學的實驗流程、操作步驟等也有助於學生理解內容。

在〈木蘭詩〉中可以藉由流程框架圖解其生平事蹟,其操作步驟如下:

⑴ 畫出五個空白流程框。

⑵ 讓學生們翻閱課本,篩選〈木蘭詩〉中最重要的五個關鍵事件。

⑶ 按照事件發展時間順序,由左至右排列填入關鍵字。

⑷ 在每個事件下方做細節補充。

這麼一來〈木蘭詩〉的文本就可以拆解成五部分來討論,這五個關鍵是具有順序的,隨著教學的進行,不管是課程內容、補充資訊,都能一清二楚地整合在這張圖解之中,幫助學生記憶。

木蘭詩流程故事

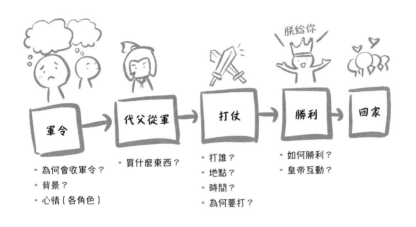

軍令	代父從軍	打仗	勝利	回家
• 為何會收軍令？ • 背景？ • 心情（各角色）	• 買什麼東西？	• 打誰？ • 地點？ • 時間？ • 為何要打？	• 如何勝利？ • 皇帝互動？	

3.階層框架

　　階層框架又被稱為「金字塔圖」，主要是針對有上下、高低等級、層次、階段的資訊，以三角形分層的方式做整理呈現，大家熟悉的「馬斯洛需求理論」就是以這個框架來表達人不同層次的需求。

　　在〈木蘭詩〉一文中，「孝」是其中的核心精神，同時也是一個很值得討論的議題，「孝順」可以分為不同方式與層次，這時我們便可以藉由階層框架，來和學生討論關於孝的層次問題。方式如下：

　　⑴畫出空白的三層階層圖。

⑵ 帶領學生思考如果把「孝」分為三個階層，內容分別會是什麼呢？孝順最底層的表面意義可能就是「順」，順從父母的話；第二層可以是發自內心的感恩父母、體貼父母的心意；第三個層次可以是實現自我的價值，讓父母以己為榮等等。老師們可以自訂內容。

⑶ 思考各層孝順的意涵，具體的行為有哪些？也可以帶領全班寫下平常孝順父母的作為，再彙整討論。

⑷ 檢視平常的互動方式集中在哪一層次？思考如何往更高層前進？

孝順的三個層次

4. 矩陣框架

矩陣框架常以表格來呈現，適合用來進行主題資訊的比較、多選項分析的探討，例如〈木蘭詩〉是樂府詩的代表，那麼我們便可用矩陣框架來整理「樂府詩」與「近體詩」兩者的差別，包含作者、音樂、句法、可否換韻、內容主題等差異。

樂府詩與近體詩的比較

文體	樂府詩	近體詩
作者	民間詩人和士大夫	士大夫
音樂	入樂，可歌，可誦	只可誦
句法	句式自由多長短句	分五、七言
換韻	可換韻	不可換韻
內容	民間生活男女情愛	抒情、寫景

像這樣藉由不同的圖解框架，可以帶領學生打破文本限制，進而整合更多生活經驗與聯結其他知識，當然這樣的教學重點在於培養學生獨立思考，展現個人觀點，而不是追求標準答案喔！

用成功學模板學習古人智慧

接下來分享一個成功學模板給大家，試想在國文課中閱讀那麼多古人、名人的文章與故事，除了學習裡頭的詞彙、寫作技巧外，若能將這些人物好好整理，記錄下他們所遇到關鍵難題以及面對困難的方法，在未來或許也能成為我們克服困難的借鏡喔！下面這張模板，就是幫助學生整理課本中出現的偉人成功學，我們可以同時運用三個圓圈畫出交集圖來歸納關鍵要素，帶領學生看見成功者的特質。

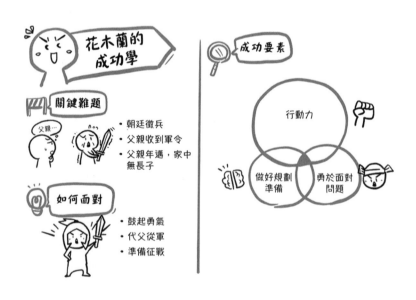

最後，我想分享來自YJ同學的國文科視覺筆記成果〈出師表〉。本身熱愛畫圖的她，在筆記裡除了重點文字外還搭配了如流程、同心圓、起伏線等不同的圖解框架，加上可愛的角色、表情與框，是不是讓無趣的文言文變得超有趣，學習的過程也因此變得愉快多了。

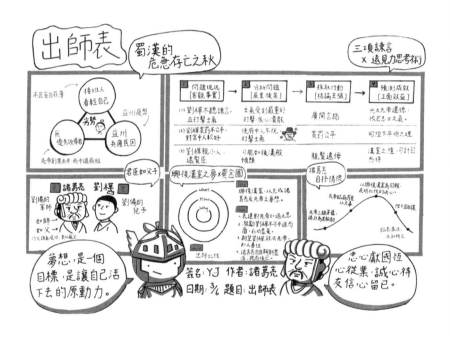

〈出師表〉視覺筆記細節請掃碼 ▶

寫作沒靈感，
發一片「OREO」吧！

在寫作教學的課程中，相信老師們一定經常遇見這樣的情形，當帶領學生撰寫閱讀心得或是作文時，大家總是哀鴻遍野、滿臉焦慮，隨著時間一分一秒過去，看似絞盡腦汁、費盡心思才繳交出來的作業卻都非常的零碎，像是記流水帳一般，沒有清楚的資訊邏輯脈絡，也看不見他們的想法和觀點。

為什麼會這樣呢？原因就在於學生們往往沒有好好處理「資訊」，以至於想到什麼寫什麼，或是照單全收地把找到的資料簡單整理後就寫出來。

一篇好的文章必須同時具備「外部資訊」與「內部資訊」，所謂的「外部資訊」就是看到、聽到的外在訊息，而「內部資訊」則是內在的想法、經驗，以及過往的知識等。

想要整合內外部資訊，圖解是最好的方式，接下來我將和大家分享，如何運用圖解進行寫作教學。

讓論述更完整的哈佛 OREO 寫作法

在《150年歷史的哈佛寫作課祕訣》書中有一個超實用知識模型：「OREO寫作法」，當寫作題目是需要論述時，它可以幫助我們用來整理腦中的資訊與想法，讓論述更完整。其運用步驟如下：

1. 論點（O，Opinion）

提出主要論點 ，比如以「筆記」為主題，我的論點是「每個人都可以用筆記翻轉人生」。

2. 原因（R，Reason）

列舉原因，這裡必須要針對論點提出理由，例如我的原因會是「持續的筆記能改變思維」、「筆記能覺察現況並想像未來」、「筆記有助策略規劃」。

3. 舉例（E，Example）

接著延續上述的原因舉出例子，這當中可以包含自身經驗、他人故事、案例、科學研究、名人金句等，讓文章更加言而有據。例如關於筆記改變人生的論點，我想到的是我自己、

大谷翔平以及《3分鐘未來日記》的作者山田弘美、濱田真由美，透過持續性的筆記翻轉人生的故事。

4. 重申論點（O，Opinion）

此段內容包含行動呼籲、建議行動、金句總結等，強化讀者對論點的印象。

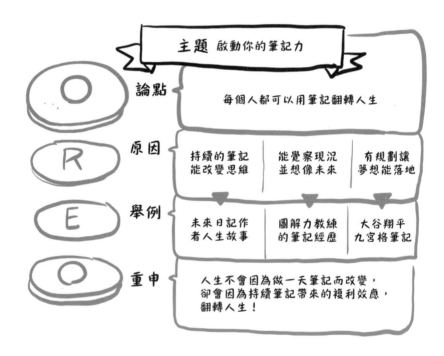

哈佛 OREO 寫作法

主題 啟動你的筆記力

論點 每個人都可以用筆記翻轉人生

原因　持續的筆記能改變思維／能覺察現況並想像未來／有規劃讓夢想能落地

舉例　未來日記作者人生故事／圖解力教練的筆記經歷／大谷翔平九宮格筆記

重申　人生不會因為做一天筆記而改變，卻會因為持續筆記帶來的複利效應，翻轉人生！

讓文章脈絡清晰的「豹文寫作法」

在《簡報show and tell》一書中，作者丹·羅姆（Dan Roam）應用一頭豹的圖像來表達簡報架構。運用這個架構就能夠讓文章脈絡清晰可見，我認為這在寫作教學上也相當適用。接下來我們就來看看，要怎麼將此模板，運用在寫作教學中。

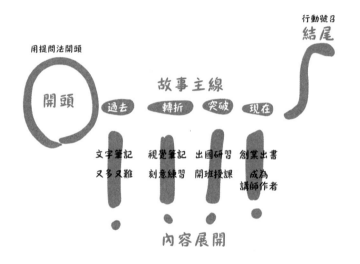

1. 頭部

代表文章的開頭，可以列出常見的文章開場法，包含提問、金句、情境、故事、秀出數據等方式，讓學生進行挑選及練習。若同上述筆記能翻轉人生的例子，我會用提問法「你知道大腦接收圖像的速度比文字快多少嗎？答案是六萬倍……」加以驚人數據做開頭。

2. 身體

　　這裡就是故事的主線了，我們要把文章分成四個部分，就像大家過去熟悉的「起承轉合」，這裡我用「過去、轉折、突破、現在」做為故事架構，把內容分為四段，這麼做可以讓我有意識地將過往學習圖解的重要經歷做有效分配，而不會出現好幾段都在重複講同一件事的狀況。

3. 足部

　　在有了這篇文章的身體（四大重點）之後，就是各自內容重點的展開，如同連接身體的「腳」，內容多寡等同於這隻腳的長短，一篇文章如果重點內容比例失衡，前面寫太多而後面草草收尾，就會像一隻嚴重長短腳的豹，看起來相當奇怪。

　　因此這張視覺模板就是一個很棒的提醒，讓寫作者清楚意識到自己寫作的重點與內容間的平衡拿捏。例如：在「過去」我會說明自己接觸圖解筆記前的狀態、困擾與問題；「轉折」是提到自己圖解100本書的刻意練習；「突破」是自己的進修；而「現在」則提及目前的進展。像這樣讓各段都有重點並均衡發展，就能成為一篇有內容的文章。

4. 尾巴

代表結論、行動號召、金句等總結方法。像我分享個人關於筆記的生命故事，就是想要改變大家對於筆記、畫圖的既有框架，因此我以「快來啟動你的圖解超能力！」的行動號召做為結論。

讓抽象化為具象的「漢堡寫作法」

最後要來介紹「漢堡寫作法」，其主要是用來協助學生善用框架將抽象的想法具象化，並加上整理。漢堡寫作法可分為開頭、細節與結尾三部分。

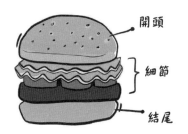

漢堡寫作法

開頭

細節

結尾

上下層的麵包代表開頭與結尾，而中間的食材夾層則代表寫作的細節，我們可以針對夾層中番茄、肉排、青菜等不同食材，來比喻需在文章內加入的素材。例如：肉排代表主要理由論述，青菜代表舉例，番茄則是補充資訊，如名人金句、數據研究、知識點等，如此一來透過圖解視覺化的呈現，學生可以

一目瞭然地看見內容的比重，避免寫作時，沒頭沒尾或只看到論述與結論卻不見舉例與佐證資訊，就像是只夾了肉排的漢堡一樣。

在寫作時，只要將上述的模板印出來讓學生一人一張進行書寫，就能大大降低寫作的難度，接著再進行論點、原因、舉例等討論，對學生來說這些原創與共創的靈感，就是最棒的寫作素材。就如同我一直提醒大家的，圖解教學的效用就是要讓思考看得見，只要降低難度，產出的速度與成果就能提高。

自然科知識怎麼變可愛了 ?!

在自然科的教學現場，老師們通常會遇到以下三個難題：

(1) 主題無感，難有共鳴。

(2) 資訊量多，記不起來。

(3) 機制原理，搞不清楚。

針對上述三個難題，我們一樣試著用圖解來看看可以為自然科教學帶來哪些變化。

將知識擬人化，並添加個人偏愛元素

前幾章裡提到，老師在進行文本的溝通表達時，一開始要先秀出主角，在國文科中有明確的作者角色，但自然科裡的主題，往往是細胞、器官、動植物、化學元素等，要畫出這些本身就不簡單，更何況真的栩栩如生地畫出來，學生們也不見得感興趣，原因就在於畫出來的圖中缺少了「人味」。

不知道大家有沒有看過《工作細胞》這一部經典動漫，裡頭將白血球化身為帥氣男主角，紅血球則成為可愛少根筋的女主角，所有身體內的細胞都擬人化成一個個鮮明的角色，而大受歡迎。畫出來的圖像，有沒有擬人化很重要，當然我們不是專業繪者，在教學現場上也沒有太多時間，不可能（也不需要）畫得像動漫一樣生動又可愛。所以想要畫出能吸引學生注意的圖，不需要精美，只要描繪主題元素的輪廓＋特徵（可加上文字），再加上表情，或是畫出有表情的跳棋人，再用文字在身體部分寫上主題就可以了。

像這樣簡單的輪廓加上表情圖像，就能輕鬆將自然科所有主題元素擬人化，達到快速抓住學生注意力的目的，這個起點做得好，後續在帶領學生進行講解、討論、思考等都有莫大的幫助喔！

下面這張圖是參考一位國中學生在我的《塗鴉吧！用視覺筆記翻轉人生》社團中，分享的生物筆記，是不是讓知識變得超級可愛啊！在這裡我想強調的重點並不是這張筆記多精美，而是我們可以去引導學生把自己的興趣偏好加入筆記，比如畫這張圖的學生超喜歡貓，於是她便把細胞核擬人化成可愛的貓咪，在不影響理解的情況下，不但能提升記憶，同時讓自己在學習過程充滿樂趣，有了樂趣，對學習的主題自然就能產生更多共鳴。

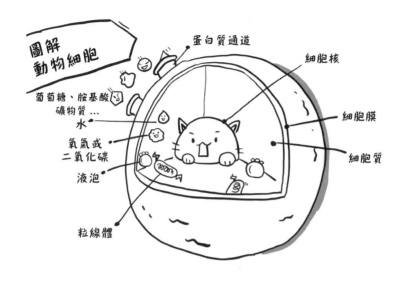

圖解
動物細胞

蛋白質通道

細胞核

葡萄糖、胺基酸、
礦物質...
水

氧氣或
二氧化碳

液泡

粒線體

細胞膜

細胞質

使用框＋文字＋箭頭處理知識元素、呈現因果關係

解決了對主題無感的問題，接下來我們來處理「記不起來」及「搞不清楚」兩大關卡。自然科中很多知識用口語或文字解釋，很難呈現出相互的關係與機制，此時若用「框＋文字」畫出關鍵元素，再以「箭頭＋文字」來整理彼此關係，就會比較容易理解，以下舉「物質的三態變化」為例。

- 熔化：物質由固態變為液態的過程，熔化時的溫度稱為熔點。

- 凝固：物質由液態變為固態的過程，凝固時的溫度稱為凝固點。

- 汽化：指物質由液態變為氣態的現象，有蒸發與沸騰二種形式。
- 凝結：指物質由氣態變為液態的現象。
- 昇華：物質受熱時，由固態直接變為氣態的現象。
- 凝華：物質冷卻時，由氣態直接變為固態的現象。

以上資訊雖然分類得很清楚，但變化的形態多，文字又相近，很容易讓人頭昏眼花。這時可以用圖來整理，簡單用三種不同形狀的框來表現三態的差異，箭頭表示變化的方向，再搭配個括號框就能幫助學生思考，老師也可以提供選項讓學生填入，並導入真實生活中的例子，那麼就可以將所有關於三態變化的資訊，都整理在這一張圖之中，未來有其他的補充、考題的內容等更新，也都可以快速有效地整合在一起。

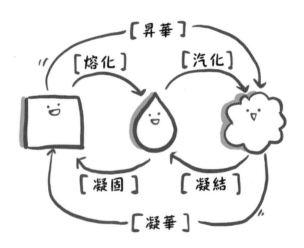

如果我們要帶領學生探究自然主題，則可以使用「因果框架」來幫助思考。以溫室效應為例，左側三個框格填入造成溫室效應的原因，右側則是帶來的影響與結果，圖上的文字都只是簡述，老師可以帶領學生深度討論。無論是每人一張、每組一張，只要框架一致，就能看見彼此的想法，而老師也可以輕而易舉地彙整全班的意見並進行討論與互動。

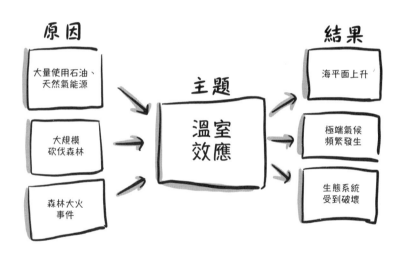

用三分法圖解建立科學思維、拆解公式

「知道這些科普知識對我們的生活，會有什麼實質上的幫助呢？」很多學生都有這樣的疑問。我覺得這問題的答案最核心的概念有二，首先是「觀察」、「假設」、「驗證」的科學

思維，是值得一輩子刻意練習以培養獨立思考的關鍵。因此若要帶著孩子整合知識，並與生活產生聯結，可以在每次課程中，運用簡單的三分法，去拆解課本內容，科學家是從何觀察？怎麼觀察發現的？接著提出了什麼假設並用哪些方式進行驗證，逐步培養學生的科學思維。

　　這裡舉個雨天帶傘的例子，當我們觀察到天空烏雲密布，便會產生「等等應該會下雨」的假設，所以外出時會帶著傘。如果真的下雨了，代表假設是對的，但若下午反而出大太陽，便可回頭來檢視假設與觀察環節，哪裡可以進行改善。我們可以透過圖解帶領學生在教學日常中建立起這樣的科學思維，讓科學不再只是學科知識，而是生活實踐的一部分。

其二，即是「公式」。大家都很討厭公式，覺得既無聊又抽象，但看越多書，越能了解公式的重要，不只科學有公式，很多事物的關鍵本質都能歸納出公式，像是最近很夯的《底層邏輯》、《逆向工程》等都是如此。

在《自己的力學：找到喜歡又做得好的事》一書中，作者洪瀞教授更是把常見的物理公式與人生做結合，像是裡頭介紹到「逃逸速度」是指「物體擺脫巨大天體重力場（如地球、太陽）影響，所需要達成的最低速度」。如果物體要離開地球，必須要讓自己達到「第一宇宙速度」，而這個宇宙速度和我們學習、成長速度最相似的地方，就在於是否有探索的渴望，真心想要拓展更廣闊的視野，看到不一樣的風景。因為唯有意識到必須提升自身的學習速度，才能脫離當前熟悉的環境，我們的學習速度才能如火箭升空般，急速飛上天際。

- （探索渴望＋學習速度）＞舒適圈重力＝快速成長
- （探索渴望＋學習速度）＜舒適圈重力＝成長停滯

像這樣，將科學公式套用在人生上，總會使人深有所感，我喜歡用公式整理這些人生體會、思維關鍵的資訊，不只能將生活與課程做結合，當我們能把知識整理成自己喜歡的樣子時，學習就會有更大的意義與動力。

（探索渴望＋學習速度）＜舒適圈重力＝
成長停滯

（探索渴望＋學習速度）＞舒適圈重力＝
快速成長

複雜的「社會」關係，
交給圖像來拆解

我還記得在國小學習台灣地理時，課程中不管是山脈、河流……各種地形分布，還是氣候、縣市介紹等內容，都被拆解成不同單元，因此我的筆記是地形一張、河流一張、縣市一張、氣候一張，但這樣的分類讓大腦很難把這些資訊整合在一起，學習起來既費時又費力。

相信很多學生都有和我一樣的困擾，在學習社會科時，學生們經常會遇到下面三大難題：

⑴ 主題太大，無法搞懂。

⑵ 資料太多、沒耐心看。

⑶ 資訊破碎，難以整合。

針對這些難題，我們一樣用圖解看看可以為教學帶來哪些變化。

先畫出主題，再加入資訊

當我在學習地理發生上述困難而不知如何是好時，我的母親發現後拿起了一張A4白紙，在上頭畫了台灣地圖，接著把課文裡的內容一一畫在裡頭，邊畫邊講解給我聽，這帶給我相當大的幫助和啟發，回想起來，她或許就是我圖解教育的啟蒙老師。後來那張筆記深受老師讚賞，還讓我上台示範給學生們看，開啟了我人生第一次的圖解教學。

在學習社會科時，像這樣面對有明確主題，比如國家、板塊、地圖等大範圍空間資訊時，記得先把它的空間輪廓畫出來，再陸續加上像是山脈、河流、漁港等元素與資訊，這裡推薦大家可以參考《箱庭世界史》一書，書裡以「一張圖一事件」的模式，收錄107個歷史事件相當精采。

將主題擬人化，讓知識變有趣

那麼，當面對的是較抽象的資訊，比如國家、朝代、組織、宗教又該怎麼做呢？想要讓學生有興趣的讀，「擬人化」是最好的方式。過去很多老師會運用活動設計、多元感官的素材如影片、道具等來提升學生的學習動機與興趣，但往往當學生們的興致起來了，切換到教學部分回到文字＋口語模式後，

無聊、無趣感又會出現。

　　所以我很鼓勵大家都應該學習「讓資訊變有趣」的能力，雖然我們無法（也不需要）做到像《如果歷史是一群喵》那樣的圖解程度，但簡單描繪人物與情境是每個人都能學會的。在社會課中我們可以用簡單的跳棋人，畫出參與第一次世界大戰的國家，讓學生們思考並描繪出這些國家可能的表情、情緒，再用想像框引導他們從課文及自己想法中找資訊，填入這些國家參戰的目的，或是搭配箭頭＋關鍵字，呈現彼此互動的關係，只要一張圖，便能看出參與世界大戰的核心國家與彼此間的立場，課程中若有更多內容要補充就在圖上持續更新，藉由不斷的擴充，讓學生把所學的資訊都串連起來。

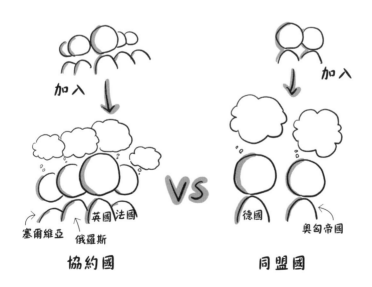

用時間軸框架圖解歷史脈絡

面對社會科中龐大的資訊內容，看不完與難整理的核心問題是「沒掌握到資訊的主要架構」，也因此無法看清楚哪些是關鍵資訊？哪些是細節補充？這裡以「中日戰爭前中國的內憂外患大事記」為例，像這樣的主題最常用的就是「時間軸框架」，它能幫助學生以時間做為資訊的主要架構，其詳細步驟如下：

⑴ 畫出起點與終點。此處我以民國10年為起點，民國26年為終點。

⑵ 標出關鍵時間點及事件。比如民國12年聯俄容共、15～17年的北伐等。

⑶ 在時間軸上下方做資訊分類：比如上方是關鍵事件，下方作資料補充，也可以上方表示內憂（內部事件），下方表示外患（外部事件）。

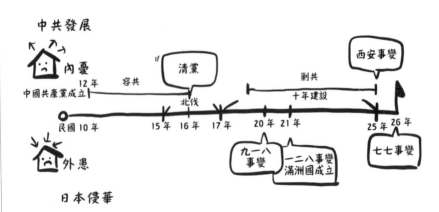

用交換框架簡化複雜資訊關係

　　所謂「交換框架」，就是以「框＋文字」來呈現資訊主角，並在角色間畫出單向或雙向箭頭，來呈現基本資訊相互關係的圖解框架。常用於新聞、電影、故事、歷史、法律等事件中呈現人物的關係。例如：想要對學生解釋台灣總統與行政院、立法院、司法院、考試院、監察院五院間的相互關係，可以如下圖先用交換框架把主要角色與其間的關係畫出來，同時搭配對話框來歸納各機關的特點、主要任務，最後加上表情就能讓這生硬嚴肅的知識，變得吸睛有趣，而且秒懂又好思考。

用發展線來拆解事件

　　當我們要整合資訊時，可以運用丹‧羅姆（ Dan Roam ）在《打造圖像腦》一書中所繪製的「發展線」，發展線是用簡單的線條，展現在發生核心事件後接下來的發展。丹‧羅姆用發展線去拆解企業成功與失敗的核心關鍵。

　　同樣地我們也能在社會課中用這張圖帶領學生思考，朝代滅亡衰敗的關鍵為何？興盛的關鍵要素又是什麼？各自有哪些代表的皇帝？如下圖，我列出的即是漢朝興衰的關鍵因素。這裡的主題不限於朝代皇帝，名人、國家、宗教等都可以用發展線圖來做剖析。

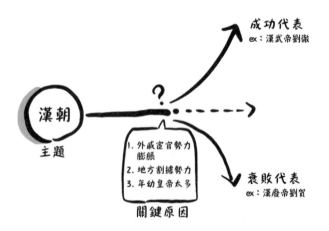

用一張視覺模板,打造你的奧德賽計畫

　　當學生們在學習社會科時,很多時候都只是被動的聽或背誦,好像這些事件都跟自身無關,考過就忘,但真的是如此嗎?在了解這些歷史,瀏覽了這麼多人的人生之後,是不是能結合所學,去想像自己的未來,下面這個未來計畫模板就是因應著這樣的想法而生的,其操作模式如下:

　⑴ 在標題中寫下這五年你想做的一個計畫:比如成為
　　　YouTuber、出書、考取什麼證照、出國讀書等。

　⑵ 思考自己未來五年想做的事:與主要計畫相關的事,可
　　　用圖文方式在「五年計畫」中做呈現。

　⑶ 檢視儀表板:自評擁有的資源、對這計畫的喜歡程度、
　　　能做到的自信程度,以及前三者的一致性進行評估。

　⑷ 預想問題:檢視計畫中可能會遇到的挑戰或困難。

　⑸ 分享、實踐與定期檢視。

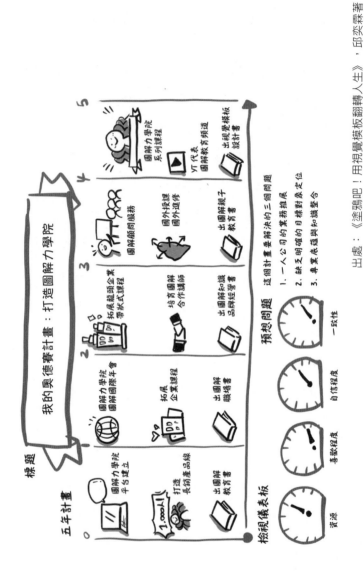

出處：《塗鴉吧！用視覺模板翻轉人生》，邱奕霖著

前頁的模板不只可以用於教學，也能用於規劃自己的人生目標，像我就使用這模板，規劃了「打造圖解力學院」的五年計畫，紙上圖解的過程其實就是「大腦模擬」，運用我們的想像與思考力，來預想這個計畫有可能遭遇的問題、解決方案與想做的任務等，並進行自我評估，這樣的過程能有效幫助自己規劃未來，這是我的奧德賽計畫，也希望能幫助大家找到生命的藍圖，成為自己的生命設計師。

國家圖書館出版品預行編目 (CIP) 資料

圖解力教學 : 破解分心世代的學習困境 / 邱奕霖著 . -- 第一版 . --
臺北市 : 親子天下股份有限公司 , 2023.09
184 面 ; 14.8X21 公分 . -- (學習與教育 ; 249)
ISBN 978-626-305-593-3(平裝)

1.CST: 圖表 2.CST: 視覺理論 3.CST: 教學設計 4.CST: 教學法

521.4   112015275

學習與教育 249

圖解力教學：破解分心世代的學習困境
第一次圖解教學就上手

作者｜邱奕霖
責任編輯｜王郁渝
編輯協力｜陳珮雯
校對｜魏秋綢
封面設計｜Rabbits design
版型設計、排版｜賴姵伶
行銷企劃｜溫詩潔

天下雜誌群創辦人｜殷允芃
董事長兼執行長｜何琦瑜
媒體產品事業群
總經理｜游玉雪
副總經理｜林彥傑
總監｜李佩芬
行銷總監｜林育菁
版權專員｜何晨瑋、黃微真

出版者｜親子天下股份有限公司
地址｜台北市 104 建國北路一段 96 號 4 樓
電話｜(02)2509-2800　傳真｜(02)2509-2462
網址｜www.parenting.com.tw
讀者服務專線｜(02)2662-0332　週一～週五
　　　　　　　09:00~17:30
讀者服務傳真｜(02)2662-6048
客服信箱｜parenting@cw.com.tw

法律顧問｜台英國際商務法律事務所・羅明通律師
製版印刷｜中原造像股份有限公司
總經銷｜大和圖書有限公司　電話｜(02)8990-2588

出版日期｜2023 年 9 月第一版第一次印行
　　　　　2024 年 8 月第一版第二次印行
定價｜450 元
書號｜BKEE0249P
ISBN｜978-626-305-593-3（平裝）

訂購服務 ─────────────
親子天下 Shopping｜shopping.parenting.com.tw
海外・大量訂購｜parenting@cw.com.tw
書香花園｜台北市建國北路二段 6 巷 11 號
電話｜(02)2506-1635
劃撥帳號｜50331356 親子天下股份有限公司

立即購買 >